Hugo Dinger

Die Meistersinger von Nürnberg

Hugo Dinger

Die Meistersinger von Nürnberg

ISBN/EAN: 9783743425361

Hergestellt in Europa, USA, Kanada, Australien, Japan

Cover: Foto ©Thomas Meinert / pixelio.de

Manufactured and distributed by brebook publishing software
(www.brebook.com)

Hugo Dinger

Die Meistersinger von Nürnberg

No. 1.

Die
Meistersinger von Nürnberg.

Eine Studie

von

Dr. Hugo Dinger.

Leipzig.
Constantin Wild's Verlag.
Brüssel, London und New-York.
Breitkopf & Härtel.

Der Künstlerin

Fräulein Paula Mark

in Leipzig

zugeeignet.

Vorwort.

Vorliegende Schrift soll zur Einführung in Wagners Drama „Die Meistersinger" dienen. Trotzdem der Stoff schon so manches Mal, auch ausführlicher, behandelt worden ist, wagt dies Büchlein doch seinen Weg in die Öffentlichkeit. Es kam dem Verfasser darauf an, vor allem einmal die Dichtung näher ins Auge zu fassen, während bisher Wagners gewaltiges Werk zumeist nur von der musikalischen Seite aus eingehender gewürdigt ist. Es dürfte wohl überhaupt richtiger sein, den Weg in Wagners Meisterwerke von der Dichtung zur Musik, als umgekehrt zu nehmen. Dabei würde das Verständnis der Kunstwerke nicht beeinträchtigt, vielmehr sogar rascher und klarer entwickelt werden. Bei dem beschränkten Umfange der Schrift musste es sich der Verfasser versagen, diesmal auf das Verhältnis der Wagnerschen Dichtung zu ihren Quellen — vornehmlich auf die historischen Angaben Wagenseils, die Sachs-Dramen von v. Deinhardstein und Lortzing einzugehen; auch konnte manches köstliche Detail Wagnerscher Poesie nicht Erwähnung finden. Künstlerische Schönheiten lassen sich ohnehin nicht recht schildern, sie wollen nur empfunden sein; unter der prosaischen Reflektion verlieren sie gar oft ihren eigentümlichen Glanz.

Wohl aber ist es möglich, dem künstlerischen Nachempfinden die Wege zu ebnen und somit das Objekt näher zu bringen.

Dazu wollen diese Blätter als bescheidener Versuch beitragen, dem kunstgeniessenden Publikum und vielleicht auch hier und da dem darstellenden Künstler, der über die Routine des Rollenfachs hinaus zur selbständigen Gestaltung veranlagt, zur Handhabe dienen.

Wie wenig gerade unser modernes Opernwesen sich um dichterische Absichten kümmert, davon ist fast jede Aufführung eines Wagnerschen Dramas ein sprechendes Beispiel. —

Diese Zeilen erfolgen auf die Bitte einer strebsamen Künstlerin um eine Anleitung zur Darstellung der Rolle Eva's. Da aber zu Evchen auch Walther und zu diesem auch die „Meister" gehören, ist's schliesslich ein Büchelchen geworden. Dass dieses sein Entstehen jener freundlichen Anregung und wesentliche Förderung durch die Auffassungs- und Darstellungskraft jenes eigenartig schöpferischen Talentes verdankt, will die dankbar empfundene Widmung besagen.

D r e s d e n , im Juni 1892.

Dr. Hugo Dinger.

I. Das Problem der Dichtung.

1. Allgemeines.

Die Teilnahme, die wir an Dichtungen, insbesondere an Dramen empfinden, jenes Interesse, was uns einzig mit Entzücken oder Unwillen an jene unwirklichen Begebenheiten fesselt, kann sich unmöglich, im buchstäblichen Sinne, lediglich an jene Scheinpersonen heften, die den Gang der Handlungen tragen. Diese unwirklichen Gestalten würden uns, trotz ihrer anscheinend sinnfälligen Lebendigkeit unergriffen lassen, wenn nicht ein gewisses Etwas diesem Scheinleben zu Grunde läge, ja es allein berechtigt, was uns in geheimnisvoller Sympathie mit jenem Produkte künstlerischer Phantasie in Verbindung setzt, was einen unsichtbaren Zusammenhang zwischen der Persönlichkeit des produzierenden Künstlers und der ausser ihm Stehenden herstellt. Gleichwie zwischen den erklingenden Saiten und dem durch sie in Mittönen gesetzten Resonnanzboden die natürliche Masse der Tonwellen die Verbindung herstellt, vermittelt ein unbeteiligtes Drittes die ursprüngliche Bewegung der künstlerischen Schaffens-Erregung an das Nachempfinden. Dieses Objektive ist eine gewisse natürliche Empfindungsmaterie, die

bei gleicher Stimmung sympathisch verknüpft, bei
ungleicher nicht. Dieses Dritte, in dem sich künstlerisches Aussprechen und künstlerisches Verstehen
treffen und vereinigen, ist eine Summe von Gedanken,
Gefühlen, Hoffnungen, Wünschen und Entbehrungen,
ein Empfindungskreis, der im Sange des Künstlers
zum Ton wird und im gleichgestimmten Zuschauer
oder Hörer widerhallt — nennen wir es: „eine ge-
meinsame Weltanschauung." In der Dichtung erklingt ein Stück Weltanschauung des Dichters, diese
verkörpert sich in den Personen, Reden, Handlungen
der dichterischen Einbildungskraft und vereinigt
uns mit diesen Scheinpersonen zu Mitempfinden und
innerer Teilnahme.

Jeder Dichtung, ob flach oder tief, liegt es zu
Grunde als ein Netz, das Halt bietet für die bunten
Farben, die im Bilde unsere äusseren und inneren
Sinne gefangen nehmen. In fein verzweigtem Ader-
System dringen seine einzelnen Gedanken bis in die
äussersten Details der Dichtung hinein, diese schaf-
fend, ernährend und zum wundervollen Ganzen ver-
bindend.

Gehen wir den einzelnen Verästelungen nach,
verfolgen wir den inneren Lebensstrom des Kunst-
werkes bis zu seinem letzten Stammende zurück,
vereinigen wir die einzelnen Strahlen, gewisser-
massen in einem gemeinsamen Sammelpunkte, so
finden wir schliesslich als die letzte Wurzel des Werkes
eine geistige Einheit, in welcher jenes Stück Weltanschauung seine künstlerische Prägung und Gestaltung empfing: das Problem des Stückes.

Die Weltanschauung der Menschheit wechselt,
ist geistigen Entwickelungsgesetzen unterworfen,

einfach gesagt: der Geschichte. Je kleiner, be-
schränkter der Abschnitt ist, der sich in einem
Kunstwerke krystallisiert, um so viel weniger wird
dessen Wirkung anhalten, um so geringer die Kraft
des Problems sein, die geringsten umfassen nichts
weiter als — die Mode: Werke, die die Mode geboren, sterben mit dieser dahin.

Aber je tiefer der dichterische Gedanke angelegt
ist, je umfassender er das Weltbild nimmt, um so erha-
bener wird seine Wirkung sein: der Nachruhm erreicht proportional die Grösse und Tiefe des Problems.
Da man von ewigen Ideen spricht, redet man auch
von dichterischer Unsterblichkeit, von unvergäng-
lichen Meisterwerken.

Wollen wir dabei von der Haltbarkeit des Papiers
und von ererbter Anpreisung der Schul - Tradition
absehen, so kann sich dies Wort nur beziehen auf
eine ausserordentliche Dauer der darin ausge-
sprochenen Weltanschauung, je tiefer der Gedanke, um
so wahrer, um so ewiger. Auch die Generationen späterer Moden werden ihn erfassen können und wollen,
das Zeitlich-Wahre wird zum Allgemein-Wahren,
zum Typischen — man hat dafür die Bezeichnung:
„Allgemein - Menschliches". Und bei den Werken
seltener Meister, welche weltumspannend Lehrer
und Weiser für Jahrhunderte werden, steigert sich
diese Kraft bis zur höchsten Vollkommenheit des
künstlerischen Vermögens: das Grosse, Typische
pulst auch in dem letzten Äderchen, wohnt auch im
Einzelnen, im Detail. Weltgedichte wie Goethes
„Faust" und Wagners „Ring des Nibelungen" sind
aus Jahrhunderten für Jahrhunderte geschrieben, in
ihnen spiegelt sich ein Stück Himmel, der viele

Generationen umfasst. Weltgedichte haben Welt-
probleme. Ihr Wesen ist universell. Aber trotzdem
wohnt ihnen ein hohes persönliches Moment bei. Die
dichterische Grösse weiss beides zu verbinden.

Denn der Dichter, der sie gebiert, ist Person:
indem er sie erschaut, sie durchringt, erlebt er sie,
das Universelle wird in ihm persönlich, das Persönliche universell. Fausts Monolog ist das Selbst-
gespräch des jungen Goethe, aber auch das Gebet
des ringenden Menschengeistes vor dem Altare der
Ewigkeit. — Aber nicht immer finden sich beide Momente in gleicher Abwägung bei einander, das eine
überwiegt oft das andere: in Goethes „Werther", in
Wagners „Tristan" herrscht das Persönliche bei
weitem vor, im „Ring" und „Parsifal" das Universelle.

In keinem Werke Wagners aber findet sich
diese Zweiheit so harmonisch ausgeprägt, wie in den
„Meistersingern". Hier ist die Verschmelzung am
vollkommensten gelungen. Das Problem der Meistersinger ist das Problem der Kunst überhaupt und
das Problem von Wagners künstlerischer Persönlichkeit im besonderen. In ihm offenbart sich Pro-
phetentum und der Prophet selbst in gleicher, herr-
licher Weise.

Wie sich, dem Prozess der organischen Natur
analog, in der Entwickelung der Geschichte die Re-
gierungsformen und Besitz-Modi, religiöse Vorstellungen und sittliche Postulate, dem Bedürfnisse der
Entwickelung entsprechend, einander ablösen, ein
Kampf der Ideen ununterbrochen gekämpft wird,
rastlos den jungen Sieger zum besiegten Alten um-
wandelnd, so auch da, wo sich der Kampf der
Geister, vom Unwesentlichen und den Schlacken

gesäubert, auf eine reine Fläche zum zauberischen
Bilde projiciert — im Gebiete der Kunst. Das Durch-
ringen einer neuen, dem Aufschwunge der Zeiten
gemäss zu höheren Zielen emporstrebenden Kunst,
ihr Sieg über veraltete, in den Formen und Formel-
kram veralteter Kunstanschauungen niederer Geister
gesunkene Kunstart — das ist das Problem der
„Meistersinger".

Es ist: die Sonnenwende der Kunst, der alten:
am sagen- und mythenumwobenen Johannistag spielt
sich's ab, aus einer Johannisnacht, wo Kobolde und
Irrlichter ihr Wesen treiben, wird ein sonnenhelles
Johannisfest, nur mit dem Unterschiede, dass es nicht
dem Winter, sondern dem Lenz entgegengeht! —

Und was alle die Grossen, Gottbegnadeten und
Gotterleuchteten an sich erfahren, dass ihr Propheten-
tum kämpfen müsse um zu siegen und zwar kämpfen
müsse gegen Thorheit und Unverstand, aber auch
gegen Bosheit und Niedertracht, das blieb einem so
rücksichtslos energischen Geiste wie Wagner, der nur
seine Postulate in der innersten Überzeugung hei-
liger Notwendigkeit, nicht aber Kompromisse kennen
wollte, erst recht nicht erspart. Was sie erlebt im
„Kampfe mit der Welt", die Luther, Beethoven,
Goethe, empfand er noch heisser und intensiver,
er setzte sein Eigenes, Persönliches nicht zurück,
er sah in dem eigenen Kampfe das Typische dieses
Kampfes überhaupt, dadurch ward sein Erlebnis
zum Problem, daher schrieb er die „Meistersinger".

2. Wie es entstand.

Der Gedanke an die „Meistersinger" kam Wagner sofort da, wo er zum erstenmale ihn erlebte. Und das geschah bald, nachdem er von Paris nach Dresden gekommen war. In Paris hatte er um seine äussere künstlerische Existenz ringen müssen, aber erst in Dresden um seine innere. In Paris antichambrierte er bei den Theaterbeherrschern mit dem „Liebesverbot". — Aus dem Werke sprach ein enormes Talent, aber noch kein umgestaltendes Genie, kein Neuerer. Sein Kampf galt hier nur der Möglichkeit, gehört zu werden.

Aber in Dresden war ihm diese Möglichkeit in bester Weise geboten. Sofort gestaltete sich unter neuen Idealen sein Kampf anders: er kämpfte nun ums Verstandenwerden. Künstlerische Reform-Pläne, teils im Keime aus Paris mit herübergebracht, teils jetzt erst neu in ihm erwachsen, drängten sich in ihm zur Verwirklichung; er wollte Neues bringen und brachte es: da stiess er mit dem Bestehenden zusammen.

Der Walther von Stolzing ging ihm auf, als er erkannte, wie sie waren, die

> „im weiten deutschen Reich
> die Kunst einzig noch pflegen" —

und als er von den lebendigen Vorbildern seines Beckmesser bis zur Verzweiflung gemerkert ward. — Da, auf einer Erholungsreise in die böhmischen Bäder entwarf er den Plan zu der Dichtung.

Die bitteren Erfahrungen, die er nun gleich nach Anbeginn seiner künstlerischen Thätigkeit machte,

waren dreierlei: Seine künstlerischen Genossen ver-
mochten sein Wollen nicht zu erfassen, sie beur-
teilten ihn eben nach jenem Massstabe, den er
zerbrechen wollte, er, der neuen Most in neuen
Schläuchen bot, sollte nach alter Schablone gemessen werden. Mit diesen ging naturgemäss das von
ihnen abhängige „Publikum" und vor allem gegen ihn
die Kritik. ¹) Aber er erkannte auch, dass da, wo
die Kunst handwerksmässig und zünftig, in den ihn
umgebenden Musikantenkreisen²)geübt ward, sie nicht
um ideeller Ziele, sondern eben handwerksmässig —
um Handwerkerlohn willen — betrieben wurde und
dass in den gegen ihn ausgesäeten Intriguen, Ver-
leumdungen und Verketzerungen, Kollegen-Neid und
Kollegen-Habsucht den Grundbass spielte.

So waren 3 Grundmomente gegeben, auf denen das
Problem der ihm vorschwebenden Dichtung basiert:

Zuerst: Der sieghafte Neuerer der Kunst
(Walther Stolzing).

Sodann: Die Repräsentanten der veralteten
Kunst (die Meister).

Zuletzt: Das Volk.

Aber das letzte, das Volk erhielt in seinem
Dichten ein anderes Gepräge. Es erscheint uns
nicht als verständnislose, blöde Masse. Wagner
idealisierte den Begriff, das Volk in den Meistersingern ist das „Volk", das sein Wunsch ersehnte,

---

¹) Wer sich des weiteren darüber informieren will, dem
sei W. Tapperts vorzügliche Schrift „Richard Wagner, sein
Leben und seine Werke" bestens empfohlen.

²) Vergl. dazu Wagners vortreffliche und geistvolle
„Censuren" über die Herren Hiller etc. in Bd. VIII d. Ges.
Schr. u. Dichtgen.

die Menge, auf welche zu wirken, da sein natürliches Empfängnisvermögen lauter und ungetrübt ist,
das „Volk" seiner Hoffnung, die Zuhörerschaft, die
er sehnsüchtig sich erträumte. Dieses „Volk" führt
die Lösung des Problems, den Kampf des Neuerers
gegen die Zunft herbei, um hegelisch zu reden —
man darfs wohl einmal, denn Wagner ist nicht
gleich als Schopenhauerianer geboren worden —
es vollzieht die Synthese zwischen Antithese und
These.

Die „Meister" pflegen und richten die Kunst
nach ihren alten „Regeln". Sachs ist der „typische
Repräsentant des Volksgeistes": [1)]

„Doch — fänd ich's weise,
dass man die Regeln selbst probier',
ob in der Gewohnheit trägem Gleise
ihr Kraft und Leben sich nicht verlier'." — —

Diese letzte Instanz, typisch: die zwischen Helden
und Volk versöhnende Geschichte, ist hier „das
Volk", das Wagner einige Jahre später im Rausche
demokratischer Ideale definierte als: „Inbegriff aller
derjenigen, welche eine gemeinschaftliche Not empfinden". [2)] — —

Aber zwischen dem ersten Aufkeimen der Meistersinger in der Seele ihres Dichters und der schliess-
lichen Vollendung des Werkes liegt eine lange Zeit.
Viele Jahre lang ruhte das Werk.

Inzwischen hatte sich in Wagner eine Ver-
änderung vollzogen, die bedeutsamste und mächtigste
seines ganzen Lebens. Seine Weltanschauung war
eine andere geworden. Bisher hatte ihn eine idea-

[1)] Siehe „Mitteilung a. m. Fr." S. 92.
[2)] Siehe „Kunstw. d. Zukunft". S. 11.

listische Begeisterung für geschichtliche Vervoll-
kommnung und zielbewusste Veredelung der Menschheit beherrscht, diese Begeisterung hatte sich zum
fieberhaften Revolutions-Enthusiasmus gesteigert,
nun war alles dies durch den Einfluss der Philo-
sophie Arthur Schopenhauers verwandelt und das
Denken und Fühlen des Dichters in ganz andere
Bahnen gelenkt. Dies wirkte auch auf die Gestaltung der wieder aufgenommenen „Meistersinger"-
Dichtung ein. Die uns vorliegende Fassung weist
in mancher Einzelheit den Einfluss Schopenhauer-
scher Gedanken auf, am deutlichsten zeigt sich diese
in dem berühmten „Wahnmonolog" Sachsens, der
ganz und gar von Schopenhauer'schen Gedanken
durchzogen ist. [1])

Über die ursprüngliche Fassung der Dichtung
ist nur ausser wenigen, unwesentlichen Verschieden-
heiten in der dramatischen Fabel, welche der Bericht in der „Mitteilung an meine Freunde" aufweist,
noch nichts weiter bekannt geworden, da ursprüngliche Entwürfe zu den „Meistersingern" noch nicht
an die Öffentlichkeit gelangt sind.

Es ist aber wohl zu vermuten, dass die Dichtung,
in den Jahren 1843—1849 ausgeführt, einen mehr
rigorosen Charakter getragen, und die Polemik sich
herber gestaltet hätte. Die Dichtungen aus der
Revolutionszeit — Wieland und Ring — steigern
den polemischen Zug bis zur titanenhaften Rück-
sichtslosigkeit. Die neue Weltanschauung hatte

---

[1]) cf.: Schopenhauer, Welt a. Wille und Vorst. Bd. J
S. 16 und a. a. O.
[2]) Siehe Originalausgabe S. 94.

Wagner ruhiger gestimmt, in dieser Beruhigung war
er vorurteilsloser geworden. Galt ihm vorher das
Bestehende nur als zu Überwindendes, zu Verwer-
fendes, so wusste er diesem jetzt auch edlere Seiten
abzugewinnen und in dessen Existenz auch eine gewisse Notwendigkeit zu entdecken. Hatte er die
konventionelle Masse als „Philistertum" mit Widerwillen und Verachtung weggeworfen — man denke
an Siegfried und Mime! — so erschien ihm jetzt
das „Bürgertum" in hellerem Lichte, im Lichte
eines Idealgebildes, das durch seinen Wert unsere
Dichtung zur klassischen in des Wortes edelster
Bedeutung erhebt.

Dadurch, dass er nun auch in der Gestaltung
des Problems dem Gegenpart die poetische Würdi-
gung nicht versagt, kommt über dies Werk jene
milde Erhabenheit, jener Goethesche Hauch, der uns
Deutschen so sympathisch ist und uns als höchste
dichterische Vollkommenheit erscheint. —

II. Die Handlung und ihre Charaktere.

Nicht dass Walther und Evchen ein Paar werden.
also nicht die obligate Hochzeit von „Prinz und
Prinzessin" bildet die Grundlage der Handlung.
sondern der Sieg des jungen Sängers. Aber dass
sein Siegesgesang eng verwachsen mit seiner Liebe
ist. dass beide Motive der Handlung mit einander
sich verschmelzen. ist vom Dichter mit feinem Gefühl
und weisem Verständnis angeordnet. Denn die Liebe

ist's, die Walther zur Singekunst treibt, die ihn die
neue Weise finden lässt, und ihm endlich den Dichter-
kranz aufs Haupt drückt.

Im Stück gehen beide Motive nebeneinander her,
eines sich in das andere schlingend, sich gegenseitig
weiter treibend und damit die Gesamthandlung vorwärts rollend. —

Diese gestaltet sich in den Grundzügen ihres
Aufbaues nun folgendermassen:

Walther hat zu Eva, der Tochter Meister Pogners,
eine leidenschaftliche Neigung gefasst. Er nähert
sich ihr beim Kirchgang, um zu erfragen, ob ihre
Hand noch unvergeben sei. Er erfährt wohl, dass
ihr Herz ihm gehöre, ihre Hand aber als Siegespreis
bei dem Wettstreite der Sänger bestimmt sei. Kurz
entschlossen will er am Wettgesange teilnehmen, im
sicheren Glauben, Eva dadurch zu gewinnen.

An dem Preise haftet jedoch die Bedingung, dass
der Sieger zugleich Mitglied der Zunft sein muss. —
In derselben Kirche tagt die Singe-Zunft; keck und
rasch begehrt Walther Eintritt in ihre Reihen. Man
fordert von ihm ein Probelied, aber durch Missgunst
und boshaften Neid (Beckmesser) aufgestachelt,
weisen die Meister, die nicht über die traditionelle
Schablone hinaus zu urteilen vermögen, ihn ab.
Walther wendet sich voll Stolz und Verachtung von
den Meistern, von Zunft und Regelgesang weg und
beschliesst, Eva mit Gewalt zu erwerben, sie zu ent-
führen. Nur ein einziger hat vorurteilslos den Wert
von des Jünglings Wesen und Kunst erkannt, Hans
Sachs. —

II. Akt. In der Nacht sucht Walther sein un-
besonnenes Vorhaben, Evchens Entführung, ins Werk

zu setzen. Allein die Verkettung der Umstände verhindert das. Zuerst hat Beckmesser, der nicht nur
Merker, sondern auch der Rivale Walthers ist, sich
vorgenommen, Evchens Herz, das ihm bisher nicht
gewogen, durch ein kunstvolles Ständchen sich ge-
neigt zu machen. Aber es gelingt nicht nach Wunsch.
Beckmesser hatte, als Sachs ihm gegenüber zum be-
sonnenen Urtheil über Walther mahnen wollte, um
ihm boshafter Weise etwas anzuhaben, seine Schuh-
macherarbeit vor der ganzen Singschule getadelt
Sachs rächt sich jetzt mit schalkhaftem Humor, indem
er, unter dem Vorgeben, das Versäumte nachzuholen,
zur Nacht vor seinem Hause laut klopft und hämmert,
dass der Sänger immer und immer wieder aus seinem
Konzept und um die beabsichtigte Wirkung des
Ständchens gebracht wird. Zudem ereignet sich noch
ein Anderes. Eva hat, um unbemerkt unter der
Linde mit Walther weilen zu können, ihre Muhme
Magdalene beauftragt, in ihrer Kleidung am Fenster
Beckmessers Ständchen entgegenzunehmen. Magdalene geht auf den Scherz ein, sie glaubt dadurch
ihren Liebsten, Sachsens Lehrbuben David, eifer-
süchtig zu machen. Und das geschieht denn auch.
David erkennt sie am Fenster und prügelt Beckmesser weidlich durch, — von allen Seiten strömen
Nachbarn herbei und mischen sich in den Streit,
der zuletzt zu einer allgemeinen Prügelei der Zünfte
unter einander ausartet. Walther will den Tumult
benutzen, um mit Eva zu entfliehen, da eilt Sachs,
der jenes Vorhaben bereits gemerkt, vor, trennt die
Parteien, bringt Eva ins väterliche Haus zurück und
nimmt Walther mit zu sich.

III. Akt. Am Morgen des Johannistages hält

Sachs nach einer kurzen einleitenden Scene mit
David, die auf das bevorstehende Fest hinweist,
eine ernste Betrachtung. Die Reflexion des Dichters
sucht das Vorgefallene in seinen tieferliegenden
Gründen zu erfassen, in Sachsens sonnenhellem
Gemüt spiegelt sich das Problem in heiterem Lichte
wieder, sein Dichterauge forscht nach den geheimen
unsichtbaren Fäden des Geschehnisses — sieht in
dem anscheinend Zufälligen die tiefe Bedeutung
eines grossen Ereignisses. Menschliche Leidenschaft
hat sich in heftiger Weise kundgegeben, ungestüme
Jugendliebe, wütende Eifersucht, — zuletzt haben die
Massen sich angefallen und durchgeprügelt —
ein jeder hat in heisser, blinder Erregung gewirkt
— was ist der Kern daran? Dem tiefsinnenden
Humor des weltweisen Dichters geht er auf: Es ist
der grosse heilige Wahn der Menschheit, der sich
ihrer Sinne und Triebe bemächtigt, sie beherrscht
und leitet, damit das Notwendige geschieht. In dem
„Wahne" der Menschen arbeitet der geheimnisvolle
geschichtliche Entwickelungsprozess — was wissen
die Massen davon? Ihr Wille ist blind, aber heftig
und unaufhaltsam —

> „stehts wo im Lauf
> „er schläft nun neue Kraft sich an;
> „gleich wacht er auf.
> „dann schaut, wer ihn bemeistern kann!"

Irgend welche Vorstellungen, kleine und grosse
Wünsche sind's. die die Einzelwillen treiben — die
unbewusste Leidenschaft, die bei den Einzelnen nach
so verschiedenen Zielen, Wünschen und Zwecken
eifert, sie ist gelenkt von der geheimnisvollen Welten-

2*

Notwendigkeit, sie ist der „Wahn", den sich letztere für ihre Zwecke bedient.

So erblickt Sachs in dieser Begebenheit das, was er bei dichterischem Durchschauen der menschlichen Geschichte in „Stadt- und Weltchronik" erkannt, auch in dem einzelnen, einfachen Erlebnis. Was war's denn weiter, was den tollen Spuk in der Johannisnacht verursachte? — Anscheinend eine simple, schlichte alltägliche Geschichte: Ein Liebhaber und Brausekopf setzte Himmel und Erde in Bewegung um ein Mägdlein. „Ein Glühwurm fand sein Weibchen nicht." Kleine Ursachen und grosse Wirkungen — aber auch grosse Gründe! — Im friedlichen Nürnberg, Sachsens stiller trauter Stadt, kommt der Kampf zum Ausbruch, den das helle Dichterauge längst geschaut und gewünscht: Ein Kampf von Neuem wider das Alte. Hinter Walthers Liebe steht Walthers Kunst, hinter der der ersehnte Frühling neuen Sanges, neuer Kunst überhaupt. Das war das Notwendige im Zufälligen! Wie kam's? Im Glühwurm steckte ein Kobold — der half! — — Aber ein Sachs, der Geschichtsphilosoph mit heiterer Ruhe und Wagner-Schopenhauerschem Anstrich, kann bei blosser Betrachtung nicht stehen bleiben — er, der weise und getreue Ekhard muss auch helfen:

„jetzt schaun' wir, wie Hans Sachs es macht,
„dass er den Wahn fein lenken mag." —

Sein Gast, Walther, erscheint. Herzlich und warm begrüsst er ihn. Von Vorwurf oder Tadel, von Vorschriften oder Regeln kein Wort. — Wie bringt er's nun zuwege, dass Walther ein Preislied sinnt und singt? — Die Meisterregeln paukt er ihm gewiss nicht ein. Ohne Korrektur und Modelei erfasst er

Walthers volle selbständige Persönlichkeit, um sie
sanft nach dem Ziele zu lenken. Sachs fordert
Walther auf, ein schönes Traumbild, das er gehabt,
dichterisch in Form eines Meisterliedes zu kleiden.
Doch Walther weist mit Stolz und jugendlichem
Hochmut alle Meistersingerei ab. Er will mit ihr
nichts zu thun haben, so zu sagen Dichter für sich
sein. Da ist's Sachs, der ihn mit edler Wärme die
Bedeutung des Meistersanges klar macht, ihn darauf
hinweist, dass nicht bloss im Können, sondern auch
in ihrer Pflege die Kunst ihren hohen Wert habe.
Walther bequemt sich zum Gesange. Sachs lässt die
Regel ihn selbst aufstellen, sorgt nur durch vorsich-
tiges Lenken dafür, dass Walther seine neugefun-
dene Weise auch innehalte, dass der neue Sang eine
vollendete und harmonische Form bekomme. Was
dabei herausspringt, ist ein Meisterlied im besten
und schönsten Sinne des Wortes. Sachs notiert das
Lied auf. Er hat einen Plan gefasst — will er es
den Meistern zur Prüfung vorlegen und so für seinen
Schützling plaidieren? —

Er veranlasst den Junker, die Festwiese zu besuchen und geht mit ihm ab, um selbst die Feier-
tagskleider anzulegen.

Da kommt Beckmesser herein, findet das Lied,
hält in seinem boshaften Argwohn Sachs für hinter-
listig und meint, dieser habe einen Wettgesang ge-
dichtet, um ihm Eva wegzuschnappen. Als Sachs
zurückkommt, hält er ihm seinen Argwohn vor.
Sachs lächelt, und zum Beweise des Gegenteils
verzichtet er auf das Blatt — er schenkt's ihm. Da
kommt Beckmesser ein Gedanke — er möchte das
Lied selbst singen, sein Argwohn ist bezwungen.

Sachs verspricht, nicht zu sagen, das Lied sei
von ihm.

Festlich geschmückt erscheint Eva. Der Grund
ihres Erscheinens ist natürlich nur der neue Schuh.
Er drückt. Wo? das weiss sie selbst nicht. Da
springt die Thür auf: Walther erscheint im Fest-
gewande ritterlicher Kleidung. Sachs zieht sich
neckisch zurück; um nicht zu stören, schustert er an
Evchens Schuh herum, die dadurch in eine sonder-
bare Positur gebannt ist. Walther singt sein Lied und
Eva fühlt hier zum erstenmale den Zauber des Ge-
sanges des Geliebten: überwältigt sinkt sie Sachs an
die Brust. Im Hochgefühle seligsten Entzückens
quillt ihr Herz vom Danke über gegen den väterlichen Freund.

Die Weihe des Momentes weiss Sachs auch sogleich richtig zu fassen. Das sieghafte Lied, der er-
lösende Sang empfängt seine „Taufe" — für künf-
tige Zeiten wird es den Meistergesängen eingereiht
werden. Es erhält in sinniger Anspielung seines Ent-
stehens, seines Wertes und seiner Mission den Namen:
„Selige Morgentraumdeutweise."
Taufzeugen sind Sachs und Evchen, auch David und
Lene; ein Lehrbub darf's nicht sein, so erfasst Sachs
die Gelegenheit, seinem treuen Burschen den Gesellen-
schlag zu erteilen. —

Das Meisterlied ist gewonnen, die Liebe fest-
gegründet. Nun hat sich beides noch vor dem Volke
zu bewähren, der inneren Lösung die äussere zu
folgen. Die Scene verwandelt sich, wir sehen die
Festwiese. Hier tritt uns das Volk, das Wagnerische,
entgegen! Auf blumengeschmückter Au, im Hinter-
grunde, gleichsam als Wahrzeichen seines Fleisses,

seiner Bürgertugend und seines Bürgerstolzes die
Stadt Nürnberg — hell schimmern ihre Mauern her-
über — leuchtender Sonnenschein spielt über der
Landschaft, das verklärende Licht der Natur eint
sich mit dem idealen Scheine einer Dichtersonne, wie
sie vordem noch nie so warm und rein über Deutschland geleuchtet.

Was diese letzte Scene der Meistersinger an
eigentlicher Handlung bietet, tritt zurück gegen die
übrige Wirkung. Als Handlung zeigt sich nur das
Erwartete: Beckmesser vermag das fremde Lied
weder zu verstehen noch zu singen, entstellt stottert
er es her — Volk und Meister lachen ihn aus —
blamiert verlässt er den Schauplatz. Walther singt
es, das Volk ist durch die neue Weise entzückt, auch
die Meister lassen sie gelten: Er empfängt Dichter-
und Sangespreis, den Kranz und Evchens Hand.
Als er noch stolz die ihm von der bekehrten Zunft
angebotene Gemeinschaft abwehren will, ist's Sachs
wieder, der vermittelt: da beugt er sich der sanften
Macht des weisen Dichters und senkt sein Knie, um
die Insignien der Meisterschaft zu empfangen —
Neuerer und Altes söhnen sich zu friedlicher, segen-
bringender Harmonie aus — am Baume der Kunst
blüht, fruchtbar mit ihm verwachsen, ein junges,
gesundes Reis, der sorgende Gärtner weist in froher
Hoffnung darauf hin und jubelnd fällt des Volkes
Gruss und Heilruf ein, der Kunst gilt es und ihrem
treuen Ekhard, Hans Sachs! —

Neben dieser ebenso schlichten wie erhebenden
meisterlichen Lösung des dramatischen Charakters
blüht eine Fülle von poetischen Einzelheiten auf, die
den eigentlichen dichterischen Wert dieser Schluss-

scenen ausmachen. Sie ist das in seligem Jubel
überquellende Finale einer dichterischen Symphonie,
die poetischen Grundmotive schwellen zu einer glän-
zenden Apotheose zusammen, das in der Handlung
entrollte Bild erhält jetzt Relief und Rahmen, Walther,
Sachs und Singekunst werden ins Volk gestellt. Nie
ist wohl diesem so oft gebrauchten und ebenso oft
missbrauchten Begriffe ein edlerer Inhalt gegeben
worden als hier. Dies Volk ist keine Partei, sondern
nur eine ideale Macht. Es hängt weder am Alten,
noch jauchzt es dem Neurer tendenziös zu — es preist
Sachs. Beider Wesen gilt hier eins — jedoch so,
dass Sachs der bewusste Träger dessen ist, was jenes
nur instinktiv richtig empfindet.

Daher schallt Sachs gleich beim Aufzuge der
Meistersinger der Jubel des Volkes entgegen — wenn
Walther die Meisterkrone empfängt, so Sachs eine
höhere, die Volkskrone. Dasselbe Lied, mit dem
Sachs, der geschichtliche, die „wittemberger Nach-
tigal", Luther begrüsst, als neu aufgehende Welten-
sonne:

> „die Nacht neigt sich gen Occident
> „der Tag geht auf von Orient"

bringt ihm hier das dankbare begeisterte Volk entgegen, am Johannistag, wo nach altgermanischer
Tradition die Sonnenwende zur bedeutsamen Feier
wird. In dem Sang dieses Liedes spricht sich sym-
bolisch das Problem der ganzen Dichtung aus, aber
in der Bedeutung siegreicher Erfüllung aus dem
Munde des Volkes. Wenn es je eine Bürgerkrone
giebt, so ist es die, die hier mit den Strophen dieses
Liedes seinem holden Dichter in dankbarer Be-

geisterung geflochten wird, da das Volk selbst aus
eigner Initiative die Schlussverse modelt in:
„Heil Sachs, Heil Nürnbergs teurem Sachs!"

Die Charaktere.

Jede Figur, die in den Dichtungen Wagners
wesentlich an der Aktion teilnimmt, ist ein besonders ausgeprägter poetischer Charakter, der sich in
Wechselwirkung mit der fortschreitenden theatra-
lischen Handlung entwickelt und zugleich auch dieselbe bestimmt. Dies darf nicht vergessen werden,
denn die erstaunliche Grösse der Wagner'schen
Dichtkraft beruht nicht nur in der problematischen
Fundamentierung, sondern auch vor allem in der
grossartigen Struktur des Bauwerkes, in der
plastischen Durchbildung der Einzelglieder und
ihrer tadellosen Harmonie. Die dichterischen Figuren
sind keine angeputzten Marionetten mit philoso-
phischen Spruchbändern im Munde, es sind atmende,
lebensvolle Persönlichkeiten, Charaktere und zwar von
weitgehendster, typischer Bedeutung. In Wagners
dichterischem Vermögen paart sich tiefschöpfende
philosophische Gedankenkraft mit feiner psycholo-
gischer Beobachtungsgabe und Menschenkenntnis.

Wie in den Tragödien, so ist dies auch im Wagnerschen Lustspiel, in den Meistersingern, der Fall.
Die Grundzüge der Charaktere dieser Dichtung sind,
wie das Problem, den andern verwandt, nur mit
dem Unterschiede, dass mit der Auswechselung der
Tendenz, d. h. der tragischen in die heitere, auch
zugleich die Beleuchtung und Färbung eine andere
wird. Statt welterschütternden tragischen Ernstes

umfliesst sie heiterer, lebensfreudiger Sonnenschein.
Die Heiterkeit, die im persönlichen Charakter ihres
Schöpfers den Grundzug bildete, durchdringt sie.
Nicht der unter Thränen hervorlächelnde Humor
Dickens, nicht der reflektierende Witz Lessings, son-
dern der gemütshelle und gemütstiefe lebenswarme
Frohsinn Wagners spiegelt sich in ihnen wieder, der
Sonnenschein der blumengeschmückten Festwiese
giebt ihnen von Anfang an das Kolorit.

1. Walther.

Wer und was ist Walther? Gar mancherlei.
Von der Bühne aus erscheint er uns zumeist nur
als Tenor. Aus der Dichtung heraus finden wir
noch mehr Eigenschaften an ihm, versuchen wir, sie
zu einem einheitlichen Bilde zusammen zu stellen.

Auch dieser Held eint sich in der problematischen Bedeutung seines Charakters mit den Trägern
anderer Wagnerscher Dichtungen — Tristan vielleicht ausgenommen — er ist ein Held der Neuen,
ein Siegfried steckt in ihm. Eva bemerkt das uns
sogleich, am Anfang des ersten Aktes: Sie vergleicht
ihn mit David. Als die gute Lene an den Harfen-
könig denkt, den die Meistersinger auf ihrer Zunft-
fahne abgebildet, erwidert sie:

„Nein! der, dess Kiesel den Goliath warfen,
„das Schwert im Gurt, die Schleuder zur Hand,
„von lichten Locken das Haupt umstrahlt,
„wie ihn uns Meister Dürer gemalt.“ —

Dieser Walther-David, sein erstes Wort lautet
gleich „Verzeiht der Sitte Bruch!“ — steht keines-
wegs an Herkunft den Meistern gleich, er ist vielmehr aus ganz anderem Holze geschnitten, als diese.

Er ist Junker. Zunächst in des Wortes bester Bedeutung. Er vertauscht sein Ahnenschloss mit der
Stadt, er will Bürger werden. Aus der Einsamkeit
seines fränkischen Rittersitzes trieb es ihn nach
dem berühmten Nürnberg, weil er städtischen
Verkehr und Sitte suchte, sich dahin sehnte, wo
deutsche Kunst und Kultur ihre schönste Blüte ent-
falteten:

> „vom Lande fort
> „was mich nach Nürnberg trieb
> „war nur zur Kunst die Lieb'" —

Nicht ohne Absicht lässt der Dichter ihn als
Ritter auftreten; in Walthers Übertritt zum Bürgertum liegt eine Vereinigung von bürgerlicher Welt
und Adel beabsichtigt, zu einem gemeinsamen, idealen
Volke.[1]) Was Wagner an anderem Orte vom Adel,
in dem er eine durch Befreiung von Erwerb zu
idealem Beruf, insbesondere zur Kunstpflege prä-
destinierte Klasse sah, hoffte, das klingt in der Gestalt seines Walther wieder durch.

Aber der Junker in ihm offenbart sich noch in
anderer Weise. Abgesehen von seinem edlen, ritter-
lichen Sinne, ritterlicher Haltung, ist das Junkerliche
in seinem Charakter das, was seinem Wesen in der
Dichtung den Lustspielcharakter, den heitern Zug
verleiht. Walther ist rasch entschlossen, that-
gewandt, ein ungestümes Blut, ein Brausekopf; rasch
ist er mit der Hand am Degen und statt ruhiger
Erwägung will er im Übereifer lieber mit dem
Kopfe durch die Wand. Seine kecke, furchtlose
Energie ist wegen der principiellen Bedeutung seines
Charakters nötig — der jugendliche Überschaum

---

[1]) Vgl. Ges. Schr. u. Dichtg. II. Aufl. Bd. VIII, S. 113 u. f.

giebt ihm den feinkomischen Anstrich. Am meisten
tritt dies in der Nachtscene des II. Aktes hervor,
wo er gegen die Meister wettert, „mit emphatischer
Geberde die Hand an sein Schwert legt und wild
vor sich hin starrt:

Ha!"
worauf in köstlichem Kontrast Eva ganz naiv:

„Geliebter, spare den Zorn,
„'s war nur des Nachtwächters Horn."

Sein ritterlicher Mut hat einen Anflug von kecker
Leichtigkeit, das zeigt sich in der Art, wie er die
Meisterwahl behandelt. Denn sein Sturz, das „Versungen und verthan!" ist nicht lediglich auf Zunft-
Unverstand und Beckmessers Verhetzungen zurück-
zuführen, sondern auch der Held hat seinen schul-
digen Anteil daran. Wagner müsste nicht ein so
feiner Dichter sein, wenn er ein so wichtiges Ereignis der dramatischen Entwickelung von ausser der
leitenden Person liegenden äusserlichen Momenten
wollte abhängig machen. Walther betrachtet die Kunst
der Zunft viel zu geringschätzend, oberflächlich und
nebenbei, als dass er mit einem Male aufgenommen
zu werden verdient. Der Zuschauer muss empfinden,
dass Walthers Fall bei der Meisterwahl, wenn auch
nicht sympathisch, so doch gerechtfertigt erscheint.

„Denn er ist ein Junker,
„und mit einem Sprung er
„denkt ohne weit're Beschwerden
„heut hier Meister zu werden."

Weshalb tritt denn Walther überhaupt der Zunft
näher? Gewiss nicht der „Kunst zu lieb'."[1] Seine

---

[1] In den „Mitt. a. m. Fr." ist gesagt, dass Walther sein
verfallenes Ahnenschloss verlässt, um in Nürnberg die Meister-

Bitte an Pogner um Aufnahme ist sogleich mit einer
Ausrede verquickt: „Vergass ich's gestern Euch
zu sagen — ein Meistersinger möcht' ich sein." —
Das einzige Motiv, was ihn zu den Meistern
näher hintreibt, ist die Liebe zu Eva. Hätte Pogner
an die Erwerbung ihrer Hand nicht die Bedingung
des Wettgesanges geknüpft, es würde Walther kaum
eingefallen sein, der Meistersingerei näher zu treten,
da um Aufnahme zu bitten, da zu singen, wo die
Richter Handwerker." Aber es muss so sein, die lei-
dige Bedingung ist da, also gut: „Schliesst, Meister,
in die Zunft mich ein." Pogner erwidert, seiner
Verwendung sei er sicher, aber der Prüfung — möchte
nicht Walther sie lieber umgehen und rasch formaliter
„aufgenommen" sein? — müsse er sich unterziehen.
Die Formalitäten beginnen. „Wie's Brauch der
Schul'" nimmt er auf dem Singestuhl Platz. Ist's
denn wirklich nötig, dass ein Lied, wenn's Geltung
haben soll, von diesem Ceremonien-Sessel aus er-
klingen muss? Ach, Walther trägt eine andere Meinung von Dichten und Singen im Herzen — aber
in der Zunft muss es so sein. Er setzt sich — „mit
Missbehagen", wie ausdrücklich in der Dichtung
steht. Er fügt sich ungern, seine Dichternatur bäumt
sich gegen den Formalismus auf und der Junker
fügt sich den Handwerkern ungern. „Für Dich, Geliebte, sei's gethan!" — das Ziel verklärt den Pfad,
der Zweck versöhnt mit dem Mittel.[1])

---

singerkunst zu erlernen." Das gilt, ebenso wie der nach-
folgende Satz, dass er „ein enthusiastisches Lied zum Lobe
der Frauen singt," nur für den ursprünglichen Entwurf der
Dichtung.
[1]) So und nicht anders sind diese Worte zu verstehen,

Walther beginnt, nach „einiger Sammlung", ein
Extempore zu singen. Der Dichter hat dieses Probelied zugleich benutzt, um kund zu geben, worauf
Walthers Kunst beruht. Wie Siegfried seine Erzie-
hung · das Wort nicht im Sinne des bon ton zu
verstehen — nicht von seinem Pflegevater Mime
erhalten, sondern als Naturkind in Waldeseinsamkeit
herangereift ist, so hat auch sein Gegenstück, der
Dichter-Jüngling Walther die sieghafte Sangeskunst
am Born der Natur geschöpft. Lenz und Wald —
der Natur mit ihrem heimlichen Weben und Treiben
hat er gelauscht, sinnend und sinnig sie verstanden,
bis es ihn zu deuten zwang. Da ward in ihm der
Dichter, der echte! —

> „— fanget an!
> „So rief es mir in der Brust,
> „als noch ich von Liebe nicht wusst'
> „Da fühlt' ich's tief sich regen,
> „als weckt' es mich aus dem Traum;
> „mein Herz mit bebenden Schlägen
> „erfüllte des Busens Raum:
> „Das Blut, es wallt,
> „Mit Allgewalt,
> „geschwellt von neuem Gefühle;
> „aus warmer Nacht[1])
> „mit Übermacht
> „schwillt mir zum Meer
> „der Seufzer Heer
> „in wildem Strom-Gewühle." u. s. w.

das „Missbehagen" steht in Verbindung mit dem „Für
Dich, Geliebte" etc. Vollständig verkehrt ist es daher, wenn
der Darsteller diese Zeile als den Ausdruck weihevoller Stimmung betrachtet und sich verpflichtet glaubt, dazu die Hände
aus Herz zu pressen und sich einen schwärmerischen Augen-
Aufschlag zu leisten.

[1]) Johannisnacht und Sachsens Flieder-Monolog. Der Zunft-

Das Lied Walthers, das für den äusseren Gang
der Handlung den Zweck hat, ein Probegesang vor
den Meistern zu sein, und für die innere Entwicklung der Dichtung, das Wesen der Waltherschen
Kunst zu exponieren, offenbart uns Walthers dichterisches Wesen und künstlerische Bedeutung. Es
sagt uns, dass dieselbe geheimnisvolle Macht, die in
Wald und Flur den Lenz zum Erwachen rief, die
göttliche Frühlingskraft der Natur auch dies Dich-
terherz treibt — wie ein elektrischer Strom Neben-
ströme erregt, die mit ihm aus einer Ursache quellen
und gleiche Wirkung haben. Schopenhauerisch
gesagt: Es ist der eine Wille, der dort die Natur ver-
jüngt und hier ihren verklärten Abschein: die Kunst.

In sicherem Instinkt hat Walther, um zu lernen, sein
Empfinden zu erfassen, nach dem richtigen und besten
Vorbilde gegriffen, nach Walther von der Vogelweide:

> „Was einst in langer Wintersnacht
> „das alte Buch mir kund gemacht,
> „das schallte laut in Waldespracht,
> „das hört' ich hell erklingen." —

Er fand die Natur in den tiefinnigen Liedern des
grössten deutschen Dichters der alten Zeit wieder,
und diese Lieder wieder in der Natur, so lernte der
Dichter dichten:

> „Im Wald dort auf der Vogelweid',
> „da lernt ich auch das Singen."

Welcher Kontrast zwischen dem Schüler der Vogelweide und den Kunstzünftlern im Kirchengebäude!)

poet singt da sein „Ständchen" (Opus so und so viel); den
Dichtern:

> „Löst es weich die Glieder,
> „Will, dass ich was sagen soll!" —

¹) Wer Vergleiche liebt, denke an Wagners Vortrag in

Von den Regeln „auch nicht eine Spur". — Walther singt, wie er's für das Beste hält, die Meister urteilen nach ihrer Schablone. Beckmesser hat unzählige Fehler notiert, die gestattete Zahl ist längst überschritten — man lässt ihn nicht mehr zu Worte kommen.

Nun erfolgt in Walther die Reaktion. War er schon mit Missbehagen, nur Eva zulieb, die Ceremonie eingegangen, so kommt nun durch die Enttäuschung sein Stolz um so heftiger zum Ausbruch: Wut und Verachtung machen ihn erbeben, das Junkerblut, der Dichterstolz wallen in ihm empor, der Meistersingerei, gegen die sich sein natürliches Empfinden von Anfang an sträubte, sagt er ziemlich unverbrämt seine Meinung, „in übermütig, verzweifelter Begeisterung, hoch auf dem Singstuhl aufgerichtet," lässt er die Meister hören:

> „Aus finstrer Dornenhecken
> „die Eule rauscht hervor,
> „thut rings mit Kreischen wecken
> „der Raben heis'ren Chor." [1])

---

der „Akademie der Künste zu Berlin, Sektion Musik." Kothner sagt: „Ja ich verstand gar nichts davon" und Heinrich Dorn, offizieller Vertreter der wohllöblichen Kapellmeistermusik, berichtet über jene denkwürdige Scene mit demselben Resultate.

[1]) Jetzt geht's auf die Meister in Summa! Vorher hat er schon Beckmesser'n, der ostentativ laut die Fehler ankreidete, „unmutig" einen Seitenhieb zu fühlen gegeben: „In einer Dornenhecken, von Neid und Gram verzehrt, musst' er sich da verstecken, der Winter, Grimm - bewehrt: von dürrem Laub umrauscht er lauert da und lauscht, wie er das frohe Singen zu Schaden könnte bringen." Da war schon jedes Wort deutlich anzüglich! Nun kommen zur „Eule" auch noch die „Raben"!

Des Unterschiedes zwischen seiner Kunst, seiner
Würde und der der Zunft ist er sich jetzt als eines heiss-
gefühlten Zwiespaltes erst richtig bewusst, seinem
jugendlichen Mute erscheint der Kontrast im grell-
sten Bilde: Dort die Raben, er aber der junge Aar!

> „Wie krächzen all' da auf
> „mit ibren Stimmen, den hohlen,
> „die Elstern, Kräh'n und Dohlen!
> „Auf da steigt
> „mit gold'nem Flügelpaar
> „ein Vogel wunderbar:
> „sein strahlend hell Gefieder
> „licht in den Lüften blinkt." —

Und was nun? Was ist das Resultat? Mit
den Meistern ist er fertig, der Mut des Helden ist
geweckt. Der muss ihm jetzt selbst helfen: „der
Not entwachsen Flügel" — schwingt sich nicht Wieland der Schmied auf Schwingen, die er mit eigner
Kraft in der Hitze der Not geschweisst, mutig über
die Neidinge empor? So auch der Dichteraar
Stolzings.

Hier hat er nichts mehr zu schaffen, nichts zu
holen, denn da er nicht bestanden, kann er auch
nicht um Eva mehr in die Sanges-Schranken treten,
— nichts mehr zu geben, denn seine Verachtung hat
er gründlich dargethan — in hochgetriebenem Selbst-
bewusstsein und Selbstvertrauen zieht's ihn und seine
Kunst zur wahren Heimat wieder:

> „es schwingt sich auf
> „zu kühnem Lauf,
> „zum Flug durch die Luft
> „aus der Städte Gruft,
> „dahin zum heimischen Hügel;

„dahin zur grünen Vogelweid',
„wo Meister Walther einst mich freit';
„da sing' ich hell und hehr
„der liebsten Frauen Ehr':
„auf da steigt,
„ob Meister-Krähn ihm ungeneigt,
„das stolze Minnelied. —
„Ade! ihr Meister, hienied'!"

Das ist das Resultat von „Versungen und verthan."

2.

Am Schlusse des ersten Aktes ist der Held be-
reits mitten im dramatischen Konflikt und auf dem
Höhepunkt seiner inneren Entwickelung angelangt.
Die Lösung des inneren Konfliktes erfolgt im dritten
Akt, in Sachsens Stube.

Im zweiten Akt tritt Walthers Person nur mehr
für den Zweck der äusseren Handlung ein. Was
am Ende des ersten Aktes klar hervorgeht, dass
Walther, enttäuscht in seiner hochgespannten Er-
wartung, der Stadt und ihrem Leben und Treiben,
ihrer Kunst und ihrer ganzen kulturellen Atmosphäre
den Rücken wenden will, findet hier nur seine konsequente Fortsetzung. Der Entschluss, dorthin sich
wieder zu flüchten, wo er „Meister im Haus", soll
hier in Aktion treten.

Birgt somit der zweite Akt kein weiteres Sta-
dium der Entwickelung des Helden in Bezug auf
seinen Charakter und seine Kunst in sich, so ent-
faltet sich doch hier nun das, im ersten Akt nur auf
das für die dramatische Aktion Notwendigste be-
schränkt gewesene andere wichtige Moment für das
Drama: seine Liebe zu Eva. Hier erfahren wir,

dass auch diese Leidenschaft des Helden echt und
gross ist: Wohl will er fliehen, aber die Geliebte
soll ihn begleiten. In banger Erregung naht er sich
ihr, er muss ihr künden, dass die frohen Hoffnungen,
die rasch und heiter in der Kirche sich entfalten
liessen — vernichtet sind. „Ich darf nicht trachten
nach der Freundin Hand!"

Wird sie den Mut besitzen, mit ihm zu fliehen,
Heimat und Vater verlassen? Ist die Liebe seines
Mädchens so stark, die Schwelle der bürgerlichen
Sitte zu überschreiten? Oder wird sie hier Halt
machen? —

Eva entwindet sich ihm. „Käm' sie nicht wieder?
O der Pein!" —

Doch ja, sie kommt.

> „O Himmel! Ja! Nun wohl ich weiss,
> „dass ich gewann den Meisterpreis." —

Was fehlt ihm nun? Vorwärts zur Flucht! —
Koste es, was es wolle! Auch Blut! Er zieht den
Degen, sich echt junkerlich mit der Klinge durch-
zuschlagen — ja selbst gegen Sachs kehrt sich im
Momente der Verblendung sein Groll — es würde
wohl auch gelingen — hier und da würde vielleicht
ein Kopf bluten — dass es anders kommt, ist nicht
seine Schuld.

Erst bei Sachs finden wir ihn wieder.

3.

Und wie kommt's, dass der junge, starke Eichen-
stamm dennoch sich biegt und der Hand des Gärt-
ners sich fügt? Es kommt auf dessen Kunst an.
„Nach solchem Bruch" glaubt Walther selbst nichts

mit den Meistern mehr gemein haben zu können.
Sachs ist's, dessen Weisheit hier vermittelt. Steift
sich Walther hartnäckig, und wohl auch etwas ein-
seitig auf sein eigenes künstlerisches Bewusstsein,
seinen individuellen Stolz, seine Jünglings-Kunst, so
weiss Sachs ihn zart auf die Einseitigkeit darin hin-
zuweisen:

> „Mein Freund! in holder Jugendzeit,
> „wenn uns von mächt'gen Trieben
> „zum ersten sel'gen Lieben
> „die Brust sich schwellet hoch und weit,
> „ein schönes Lied zu singen,
> „mocht' vielen da gelingen:
> „der Lenz, der sang für sie." —

Er soll nun, nachdem ihm Sachs in schöner,
milder Weise die ideelle Seite des Meistertums offenbart, das ergänzend zur jugendlich enthusiastischen
Kunstweise hinzutritt, damit fürs ernste Mannesalter,
für die „Ehe", der Walther zusteuern will, eine
schöne Harmonie bleibe — seinen Traum klar
deuten.

Er lernt kein Meisterlied zurichten, wohl aber
meisterlich sein dichterisches Edelmetall münzen.
Zwar ist er noch hart und mürrisch, sowie er von
„Regel" etwas hört, schneidet ihm das Wort in alle
Illusionen:

> „Durch eure Regeln gute Lehr'
> „ist mir's, als ob verwischt sie wär'."

Aber er singt doch.

Es ist ein fein poetischer Zug vom Dichter, dass
das Lied, mit dem Walther im ersten Akt versungen,
in der Komposition mehr den Charakter einer freien,
willkürlichen Erfindung an sich trägt, während die

Melodie der „Morgentraumdeutweise" mit den Tönen
verwandt sind, die Walthers Liebe zu Eva illustrieren,
von demselben Motiv, das in der Kirchenscene gleich
zu Anfang des Stückes bei Walthers Blickwechsel
mit Eva erklingt, wird auch das ganze Siegeslied
getragen.

Als Eva im Festschmuck hereintritt, im Lichte
des Johannistags, da überkommt ihn nach der wilden
Nacht der Frieden. Sachs hat ihm den gegeben.
Nun hat er festen Boden unter sich — im Herzen
ein Meisterlied, dessen Zauber und Wirkung er aus
Evas seligem Auge liest — er fühlt sich wieder versöhnt mit dem Schicksal:

> „Doch die Weise,
> „was sie leise
> „dir vertraut
> „im stillen Raum,
> „hell und laut,
> „in der Meister vollem Kreis
> „werbe sie um den höchsten Preis?!"

Wie gut doch, dass Sachs den wilden Vogel
einfing, die Entführungsgeschichte verhinderte. Und
als er das Lied dann auf der Wiese vorträgt, als er
„die Rührung der Meister gewahrt" — da muntert
ihn dies „zu einer freieren Fassung" auf,[1) die einen

[1) Wenngleich es logisch richtig und dramatisch nicht
gerade falsch gewesen wäre, wenn W. das Lied in demselben
Wortlaut, wie in Sachsens Werkstatt gesungen hätte, so hat
der Dichter doch in feiner Weise es vorgezogen, der Wieder-
holung der schon bekannten Worte auszuweichen, indem er
die Ermutigung durch die Meister dazu benutzt, Walther in
„freier Fassung" vortragen zu lassen, wodurch ein neuer Text
ermöglicht wird.

sinnigen Bezug auf die Feier und ihre Bedeutung für ihn, auf seine Kunst und ihren endlichen Sieg hat.

II. Eva.

„Ihr wähltet Euch gleich ein Weib zur Eh'."

Das „Euch gleich" hat seine Bedeutung. Nicht etwa, als ob Evchen ein weiblicher Walther wäre, aber ihr Charakter steht auf der gleichen Höhe mit dem seinigen: sie tritt als notwendige, weibliche Ergänzung zum Wesen Walthers hinzu, beide Charaktere ergänzen sich in ihrem dichterischen Werte zu einem Ganzen, sie ist das Weib Walthers — keine andere könnte es sein.

Mit den anderen Heldinnen Wagners hat sie vor allem den einen Grundzug gemein, der überhaupt die typische Bedeutung der Wagnerschen Frauengestalten ausmacht: Sie versteht und erfasst das Wesen des Helden. Zum Tristan gehört nur eine Isolde, zum Siegfried nur eine Brünnhilde und zum Holländer nur eine Senta.

Mit letzterer hat sie das gemein, dass sie von Anbeginn der Handlung an ein Verständnis dem Helden entgegenbringt, das sie sofort an ihn fesselt, dass ihr in seiner Person ein schon lange vorher in der Phantasie erschautes Idealbild entgegentritt:

„Das eben schuf mir so schnelle Qual,
„dass ich ihn schon längst im Traume sah."

Darum ist ihre Liebe so rasch und fest bestimmt. Aber nicht tiefe, schwere Tragik umschattet ihr Bild,

die Lebensheiterkeit des Wagnerschen Lustspiels um-
spielt sie wie Sonnenschein, sie ist das weibliche
Idealbild Wagnerscher Dichtung im Lichte der
Komödie; die Heiterkeit im Wesen des deutschen
Weibes, die der Künstler in der Tragödie darzu-
stellen sich versagen musste, konnte er hier nach
Herzenslust entfalten, und er hat es gethan.

Wenn auch „Eva" auf den Bühnen hier und
da in ihrem Wesen dem Zuschauer deutlicher vor
Augen tritt, als Walther, so kann doch noch nicht behauptet werden, dass ihr dramatischer und poetischer Wert bei der Darstellung schon völlig offenbart wäre. Schon der Umstand, dass der gesang-
liche Teil der Rolle grosse technische Anforderungen
mit sich bringt, trägt dazu bei. Die Partie der „Eva"
ruht ja demzufolge meist in den Händen der „Prima-
donnen", deren Erscheinungen — oft sogar ins volu-
minös-matronenhafte gehend — wohl ausgereifte
Heldinnengestalten zu repräsentieren vermögen, die
Figur „Evchens" aber zumeist in ganz falsches Licht
bringen.

Wird aber — wie auch zu sehen — Evchen ins
Fach der „Soubretten" abgeschoben, dann ist wieder
die Gefahr vorhanden und die Erfahrung zu machen,
dass das Rollenfachmässige bei ihrer Ausgestaltung
allzustark vorwaltet und die ernsteren Linien in der
Zeichnung des Charakters verschwinden. Dann ist
Eva auf einmal ein so unendlich heiteres Geschöpf,
dass man an Heines Wort vom „allerliebsten Aller-
nichtschen" unwillkürlich denken muss.

Eva's Natur darf weder zu ernst noch zu heiter
erscheinen, eine heilsame Mischung von Beiden

muss sich ergeben, um als Ganzes einen Charakter
von reichem inneren Gehalt und ein Wesen von
blühender, frohsinniger Unschuld zu ergeben. Diese
Harmonie ermöglicht ihre Jugend.

Eva und Elisabeth stehen auf gleicher Ent-
wickelungsstufe des weiblichen Alters; im Gange
der Dichtungen durchlaufen sie eine gleiche Bahn:
ihr Charakter entwickelt sich von naiver, unschulds-
voller Kindheit zur weiblichen Selbständigkeit, zum
„Wissendwerden". Bei Elisabeth tritt dieses dramatische Ereignis im Sängerkrieg ein — bei Evchen
im zweiten Akte, wo sie sich Walther an die Brust
wirft, ihre letzte Prägung erfährt sie durch Sachs,
der ist auch ihr Münzmeister:

> „O Sachs! Mein Freund! Du theurer Mann!
> „Wie ich dir Edlem lohnen kann!
> Was ohne deine Liebe,
> was wär' ich ohne dich
> ob je auch Kind ich bliebe,
> erwecktest du nicht mich?
> Durch dich gewann ich
> was man preist,
> durch dich ersann ich
> was ein Geist!
> Durch dich erwacht,
> durch dich nur dacht'
> ich edel, frei und kühn:
> du liessest mich erblüh'n!" —

Verfolgen wir nun den Weg dieser Entwickelung
weiter.

1.

Als Evchen Pogner Walther zuerst gegenüber
tritt, ist sie im Innern ihres Wesens Kind. Weder
Liebe noch Sorge sind dem einzigen Spross des
reichen Goldschmied's bang ans Herz gegangen,
sorgenlos und heiter, wie ihre Vergangenheit, erdünkt
ihr die Zukunft, wenn sie wirklich dem Gedanken
daran in ihrem Herzen Raum geben sollte. Sie,
ihre Hand, ihre Person, ihr Schicksal selbst, ist zum
Sangespreise ausgeboten — darob ist keine Kümmer-
nis zu spüren. Der Vater, der ihre Kindheit und
Jugend bisher bestimmt, hat auch dieses angeordnet
— was ist da weiter zu grämen? Sie ist zur Ehe
versprochen — wem? — je nun, dem „Sieger" —
aber was weiss sie von Liebesnot, was denkt sie
vom Ernste dieser Lebenshandlung? —

> „— Versteh' ich's doch kaum! —
> „Mir ist, als wär' ich gar wie im Traum!
> „Er frägt — ob ich schon Braut?" —

Evchen Pogner sieht mit unmündigen Kinder-
augen harmlos dem Wettgesang um sie entgegen.
Die Gewöhnung sorgenfreien Lebens lässt sie nichts
anderes erwarten, als glatten, heiteren weiteren
Fortgang, der Gedanke, dass es anders kommen
könne, ist ihr fremd — ihr, dem Lieblinge des Schicksals. Darin gleicht sie Walther. Wie er sorglos
der Meisterwahl, so tritt auch sie dem Wettgericht entgegen. Da tritt Walther in ihr Herz ein. Wird sie
nun plötzlich aus dem ahnungslosen Kindestraum
aufgeschreckt, wird nun gleich ein Konflikt bewusst zwischen ihrer Neigung und ihrer Bestim-
mung als Sangespreis, einer möglichen Entscheidung

des Schicksals, entgegengesetzt ihrer Neigung? —
Nichts von alledem. Sorgenlos glaubt sie, dass
Walther überhaupt, ausschliesslich siegen werde.
Wie könnte es denn auch anders kommen? Sie hat
den schmucken Jüngling, der erst gestern ihr Haus
betrat, gern. Damit ist's gut. Nun wird ihr die
ganze Werbegesangs-Angelegenheit erst wert und
sympathisch. „Schüchtern und verschämt, doch
seelenvoll und ermunternd" erwidert sie seine Blicke,
ersteres der Kirche und der Leute wegen, letzteres
des Junkers wegen. Was er ihr wohl sagen möchte?
Lene muss Tuch, Spange einzeln holen — schnell
wirft sie in Magdalenens umständliche Auseinander-
setzungen ermutigende Antworten auf Walthers
Fragen hinein, es drängt sie, den Ritter, der Eindruck auf ihr kindliches Herz gemacht, möglichst
zu ermutigen — so handelt und spricht nur ein
offenes, holdseliges Kindergemüt, das ängstlich die
Regungen einer aufkeimenden ersten Liebe noch
nicht zu beherrschen und mit weiblicher Klugheit
noch nicht zu verwerten vermag. Wie verstehens
sonst die Mädchen, ihre Liebhaber durch „Hangen
und Bangen in schwebender Pein" reizvoll an sich
zu fesseln. — Eva weiss von diesen Künsten nichts.
Ei, Walther, wär' der Sänger, den sie am liebsten als Sieger wünschte! Wie wichtig, ermutigend
klingen ihre Worte:

„Und selbst die Braut reicht ihm das Reis!"

Aber da ziehen die ersten Schatten heran: Es
wird ihr plötzlich „bang" vor dem Gedanken, dass
Walther gar kein „Meistersinger" sei:

„Seid Ihr der nicht? —"

Walther giebt keine Antwort darauf, erregt forscht er weiter nach den Bedingungen, in denen Evchens Hand liegt —

„Den Preis gewinnt?"

Lene berichtet pflichtschuldigst und sachgemäss:

„Wen die Meister meinen"

Herr Gott! Aber das Mädchen? „Die Braut dann wählt:

„Euch, oder Keinen!"

Da ist's heraus. — Evchen hat sich „vergessen". Die Scene zwischen Walther ist beendet. In wenig Worten hat sich des Mädchens schüchterne Neigung bis zur offenen Erklärung gesteigert – nur der einzige „bange" Gedanke, jäh und unerwartet, die erste, einzige Sorge, die in den stillen Herzenswunsch einschlug, hat das Herz überquellen gemacht, sie zur kindlich raschen Entscheidung gedrängt. Dieses plötzliche rasche Geständnis Evchens hat bisher immer zu allerlei kritischen Bedenken Anstoss gegeben.

Man ist gewohnt, im Lustspiel Erklärung oder Eingeständnis der Heldin als letzten dramatischen Effekt am Schlusse des Stückes zu bringen, hier aber geschieht das Ereignis sogleich in der Exposition.

Die Missverständnisse, die sich dadurch bei oberflächlichen Beurteilern nach der Schablone ergeben, haben ihren Grund vor allem in der gänzlich unrichtigen und gedankenlosen Darstellung dieser Scene, wie sie auf den meisten Bühnen [1]) beliebt wird.

---

[1]) Selbst Muster-Institute sind davon nicht ausgenommen.

Die Worte „Euch oder Keinen" sind ein dramatischer Blitz, dem eine ganz spezielle Wirkung zu
folgen hat: Eva, erschrocken über ihr Verschnappen,
das durch ihr schnelles Einmengen in Magdalenens
Reden psychologisch richtig begründet und dramatisch wahr exponiert ist, hat die Augen zu Boden
zu senken. Beide, Walther und Eva haben sich
nichts mehr zu sagen, können es auch nicht. Zwischen
ihnen spannt sich eine Pause ernst-komischer Ver-
legenheit — ganz deutlich hat der Dichter ange-
geben: „Walther wendet sich, in grosser Aufregung
auf- und abgehend, zur Seite." —

Walther muss durch die herausgeplatzte Erklärung des Mädchens naturgemäss in grosse Erregung kommen, einen Zwiespalt in seinem Innern
fühlen, denn nun sieht er einesteils seinen Hoffnungs-
traum erfüllt, die Liebe des Mädchens ist ihm sicher,
andernteils wieder ist ihm ihr Besitz entrückt — da
er an die Bedingung des Meistersingens geknüpft
ist — in dieser Aufregung hat erst ein Entschluss
in ihm zu reifen, er hat jetzt völlig mit sich zu thun,
ein weiteres Wort an Eva ist unmöglich.

Imgleichen steht Eva unter dem Banne heftiger
Erregung, nicht bloss über ihr „Sichvergessen"[1]),
sondern über die Perspektive, die ihr plötzlich auf-
dämmert: dass sie Walther liebe und er — kein
Meistersinger sei! — Diese Erregung bildet den
Übergang zur nächsten Stufe in der Entwicklung
ihres Charakters: „Gut Lene, hilf' mir den Ritter

---

[1]) Ist's nicht auch eine Art „Sitte-Bruch", der die
Heldin des Helden charakterisiert?

gewinnen". Ihre Charakter-Entwickelung setzt sich
von nun an in Bewegung. —

Auf den Bühnen wird die Sache nun so, oder
vielmehr gar nicht dargestellt, indem Walther ganz
gelassen neben Evchen stehen bleibt, entweder ein
langweiliges Gesicht macht oder eine verliebte
Grimasse schneidet, worauf dann Held und Heldin,
während Lene's Gespräch mit David ein zärtliches,
stummes Gespräch nimen. —

Dann allerdings kann dem unbefangenen Zuschauer der Eindruck entstehen, dass die Handlung
zwischen Eva und Walther beendet, dass eigentlich
in dieser Hinsicht die beiden anderen Akte über-
flüssig seien — die „Meistersinger" eine moderne
Backfischoper schlechtesten Gepräges seien. Bei
solcher Auffassung vermisst man nur eins, nämlich
dass Walther Evchen gerührt in die Arme schliesst
und das obligate Lustspiel-Finale, der Theaterkuss,
die Handlung beschliesst. [1])

Bei richtiger Auffassung wird man jedoch leicht
erkennen, dass gerade in dieser Wagnerschen
Fassung ein ganz besonderes dramatisches Moment
ruht, dass nur durch das sofortige Eingeständnis
Evas die Handlung sich dichterisch am besten
exponieren liess, denn von diesem Punkte aus
entspinnt sich erst das Lustspiel in seinen beiden
Hauptträgern, Walther und Eva, weiter, und hierbei offenbart sich zugleich mit einem Male das Wesen
der Heldin in echt komischer Weise. Evas Wesen
ist durchaus naiv. Man missverstehe das Wort
nicht, es hat mit der „Naivetät" moderner Bühnen-

backfische nichts gemein. [1]) Ihre Naivetät ruht darin,
dass sie ihr eigenes Empfinden rückhaltslos kund-
giebt, ohne eine verstandesmässige Erwägung von
deren Wirkung. Und da, wo sie versucht, ver-
standesmässig klug zu sein, ihre Naivetät zu ver-
bergen — im zweiten Akt Sachs gegenüber, — da
kommt diese erst recht zur heiteren Erscheinung.
— Das „Euch oder Keinen" ist ausserdem im
Charakter der Eva ganz richtig motiviert, es steht
in notwendigem Zusammenhange mit den oben
citierten Worten: „Dass ich schon längst im Bild
ihn sah" —, dass ihre Liebe nur einen Walther und
keinen anderen treffen könne, war schon damit gesagt, hier wird es durch das offene Geständnis des
Mädchens furchtlos bekräftigt. Gerade dieses offene,
mutige Bekenntnis bestätigt nun zuletzt auch dem
Zuschauer, dass Eva auch wirklich das zu Walther
gehörige Weib ist, nicht nur sein will. Wäre es
uns sympathischer — abgesehen von geradezu dramatischer Schwäche und Sinnwidrigkeit — wenn
Eva jetzt pensionatsmässige, unwahre Zimperlich-
keit zum Besten gäbe? Ist es wirklich ein entsetz-
liches Vergehen, wenn ein deutsches Mädchen ihre

---

[1]) Die Figur der „Naiven" in unserer modernen Bühnen-
technik und Theater-Mache ist auch ein trauriges Zeichen
unserer Zeit. Je einfältiger, kindischer und alberner jenes
Wesen — für die ein eigenes Rollenfach, das der „Backfische" existiert — um so grösser der Applaus. Und die „Damen"
da unten im Publikum lachen sich halbtot —— gegen diese
Schmähung ihres Wesens hat noch keine „deutsche Frau",
so viel von Damen auch geschrieben wird, protestiert. Oder
ist die „deutsche Frau" wirklich bereits eine aussterbende
Spezies geworden? Die „Pensionats-Bildung" scheint un-
heimlich gewüstet zu haben!

Empfindung klar und wahr ohne Ziererei bekennt?
— Zum Vergleiche ziehe man bei dieser Stelle die
Worte Elisabeths an Tannhäuser (II. 2) heran, wo
die junge Fürstin offen dem Sänger bekennt:

> „Verzeiht, wenn ich nicht weiss, was ich beginne,
> „Im Traum bin ich, und thör'ger als ein Kind" —

und zuletzt:

> „Heinrich, was thatet ihr mir an?"

Was dort in der Tragödie in längerer ernster Exposition erfolgt, kann hier im Lustspiele viel einfacher
und heiterer gegeben werden, daher hier das Heraus-
platzen!

Eva ist's, die nach der Pause zwischen ihr und
Walther wieder harmlos und offenherzig das Wort
ergreift: „Seh' ich euch wieder?" — Nun verkündet
ihr Walther seinen Entschluss, für sie in den Sängerstreit treten zu wollen, wozu ihn Evas Geständnis
gebracht:

> „Was ich will wagen,
> „Wie könnt' ichs sagen?
> „Neu ist mein Herz, neu mein Sinn,
> „neu ist mir alles, was ich beginn'.
> „Eines nur weiss ich,
> „Eines begreif' ich:
> „Mit allen Sinnen
> „euch zu gewinnen!

— — — — — — — —

> „Für euch
> „Dichters heiliger Mut!" —

und Eva erwidert ihm zum Abschied, ihr Herz in
sel'ger Glut sei ihm „liebesheil'ge Glut" — „heilig"
wolle sie die Liebe im Herzen hüten. In ihrem Ab-

schiedsworte, ihr Lohn für den „heiligen Dichter-
Mut", klingt der Entschluss inniger Treue in ruhiger
Milde aus. —

2.

Die „Freiung", die Meistersitzung ist vorbei. Es
muss sich nun entschieden haben, Walther ist gewiss
Meister geworden. Anders kann es ja nicht sein!
Wie klopft ihr Herz! — Lene ist angestellt, sogleich
die Kundschaft von David zu bringen:

> „— schnell, wie ging's mit dem Ritter?
> „du rietest ihm gut,[1]) Er gewann den Kranz?"

„Hilf Gott! Unser Junker verthan!" — „Unser
Junker!" Es liegt Stolz darin, in dem Worte. Sie
hat mit Teil an ihm, er ist auch ihr Protegé, sie
gehört ja bei Pogners mit zur Familie — in einem
modernen Lustspiel, das sich um das Theaterstück
eines Professors dreht, spricht die alte Haushälterin
stolz von „unserm Stück!"

Eva weiss noch nichts von dem Misserfolg
Walthers. Ihr Vater, mit dem sie gelustwandelt,
war verschlossener und nachdenklicher denn je.
Er sprach nicht vom Junker und sie — sie wagte

---

[1]) Magdalene, die brave, glaubt wirklich, es könnte dem
Junker durchgeholfen haben, dass ihr gelehrter David ihm
eins, zwei, drei die Meisterregeln, von denen sie anscheinend
nicht viel Ahnung hat, eingelernt! David hat ihr hohes Zu-
trauen schlecht erfüllt, am Ende ist er sogar am Durchfall
Walthers schuld? — Den Korb mit „Gutem" bekommt er
jedenfalls nicht. Und das merkt Beckmesser wieder in der
Prügelscene.

ihm auch nicht zu fragen.[1]) Ein jedes hat Kopf und
Herz voll — „schweigsam und in Gedanken ver-
sunken" kommen sie daher. Pogner kämpft mit
dem Gedanken, dass er durch die Preisaussetzung
des eigenen Kindes einen Fehler begangen haben
könne. — Das ist ihm aufgegangen, als er an Walthers Person lebhaftes Interesse gewonnen, nun hat
der „versungen", und Beckmesser, den Eva gar nicht
und er nur wenig leiden mag, steht allein auf der
Werberliste. Wie schön und edel war sein Plan —
jetzt zeigt die schlimme Wirklichkeit die Kehrseite
davon. — Soll es das ganze Resultat seines gross-
herzigen Anerbietens sein, dass Beckmesser, der hab-
süchtige, widerliche Mensch, sein blühendes, einziges
Kind heimführt?

Sachs hatte ihn ja vor Unbedachtheit gewarnt —
und er hatte den Freund nicht hören wollen. Nun
ist er in der fatalsten Lage. Vaterliebe und Meister-
stolz kämpfen in ihm mit einander. Was thun?
Zum Freund und Nachbar gehen — den Irrtum ein-
gestehen, ihn zu bitten, hier Rat zu schaffen? — Nein,
sein Stolz erlaubt das nicht. Aber wie, wenn Evchen
mit seinem ganzen Arrangement zufrieden wäre? Am
Ende! Ja, ja, es muss ein Mädchenherz doch reizen,
auf der Volkswiese, wo ganz Nürnberg versammelt
ist, als gefeierte Heldin des Tages zu glänzen, den
Dichterpreis zu erteilen und Braut zu sein?

---

[1]) Das Geständnis ward ihr leicht dem Geliebten gegenüber, um so schwerer wird's ihr bei einem Dritten, besonders
dem Vater. Auch Elisabeth, die zu Tannhäuser offen ge-
sprochen, vermag ihrem väterlichen Oheim nur zu entgegnen:
„Blick' mir ins Auge, sprechen kann ich nicht." —

„O Kind, sagt dir kein Herzensschlag,
„welch Glück dich morgen treffen mag,
„wenn Nürenberg, die ganze Stadt
„mit Bürgern und Gemeinen,
„mit Zünften, Volk und hohem Rat
„vor dir sich soll vereinen."
u. s. w.

Vorsichtig sucht er Evchens Herzensstimmung
zu erlauschen: „Und du, mein Kind, du sagst mir
nichts?"

Eva weicht aber aus. Ihre Gedanken weilen bei
Walther. Ach, wenn sie doch endlich von Lene
erfahren könnte, wie es bei der Freiung ergangen! —
Sie ist zerstreut. Der Vater betont ausdrücklich:
„ein Meister deiner Wahl." — Aber keine Silbe
antwortet sie, ob sie Beckmesser annehmen oder ab-
schlagen werde. Nur zerstreute Worte antwortet
sie — sie denkt eben wieder an den Junker, der doch
gesiegt haben muss. Aber wenn er nun n i c h t
Meister geworden wäre? „Lieb' Vater, muss es ein
Meister sein?" — Aber nein, das ist ja nicht möglich —
„Ja, meiner Wahl." — Der Vater ist so seltsam,
schweigsam — mein Gott — wenn Walther — „ja,
meiner Wahl!" — In ihr bebt's — wenn Meistersieg
und ihre Wahl nicht eins sein sollten? — Ja,
„meiner Wahl" — die wird unbedingt den Ausschlag
geben. — —

Da winkt Magdalene. Endlich! Sie brennt
nach der Botschaft. Ach, wäre doch der Vater
schon im Hause: während er sich's bequem macht,
kann sie heimlich ein Wort von Lene erfahren —
und der Junker will kommen, wenn doch der Vater
bald zur Ruhe ging. Was das nur heissen soll, dass
Eva und Magdalene so zum Abendmahl drängen?

Mitten in seinen ernsten Gedanken, mit denen er
nicht fertig wird — Eva hat so kurz und aus-
weichend geantwortet! — drängen die Frauenzimmer
ins Haus. — Pogner ist ärgerlich, was soll's nur? —
Oder ist etwa Besuch da? Das passte ihm jetzt
gerade, wo ihm allerlei im Kopfe herumgeht und
ihn verstimmt!:

> „'s giebt doch keinen Gast?"

Evchen hört das Wort so halb und halb — an
den Junker denkt sie — ei, wenn er wie gestern
zum Abendessen kommen wollte. Oh, das wäre ja
ein vortrefflich günstiges Zeichen:

> „Wohl den Junker?"

Da war's heraus. —

„Wieso?" fragt Pogner verwundert.

Eva: „Sahst ihn heute nicht?"

Halb in dem Bestreben, ihrer vorschnellen Frage
einen harmlosen Grund unterzuschieben, andernteils,
um nun endlich Gelegenheit zu haben, leise auf den
Busch zu klopfen, sagt sie dies.

Da dämmert's dem Meister Goldschmied — —

„Nicht doch! — Was denn? — Ei, werd' ich dumm?
„Lieb Väterchen, komm'! Geb', kleid' dich um!"
„Hm! — Was geht mir im Kopf doch 'rum?"

Da geht er ins Haus. Nun endlich die Botschaft
von Magdalene: „Sprach David: meint', er habe verthan." —

„Der Ritter? — Hilf Gott, was fing' ich an!
„Ach, Lene! die Angst: wo 'was erfahren?

Nun ist die Ruhe aus der heitern Kindesseele

ganz gewichen — die Leidenschaft, getrieben von
stiller Sorge zur herzzerpressenden Angst, wallt über-
mächtig empor. — Der Junker, der Junker! Nur
der Junker! Gerade zur unpassendsten Zeit kommt
Magdalene mit Beckmessers Ständchen-Antrag: „was
Jemand geheim mir aufgetragen." —

„Wer denn? Der Junker?"

Ach was! Beckmesser! — Endgültig Gewissheit
haben! — Wenn das wahr wäre, was David „meinte."
— Schnell, die Geschäfte besorgen, dann zum Sachs!
„Der hat mich lieb!" —

Die Scene zwischen Eva und Sachs ist gewisser-
massen eine Parallele zwischen der vorangehenden,
zwischen Vater und Tochter. Pogners Gespräch
mit Eva bereitet vor, deutet darauf hin, was hier
zum Ausbruch gelangt.

Beide Scenen haben auf den Höhepunkt in der
Charakter-Entwickelung Evas, der vollen, rückhalt-
losen Hingabe an Walthers Flucht-Entschluss und
Bruch mit aller Konvention, hinzuwirken, stehen im
Verhältnis konsequenter Steigerung zu einander und
in einem gewissen dramatischen Kontrast. Dem
Vater gegenüber hatte noch die Hoffnung Raum,
Walther würde „Meister" geworden sein, hier aber
ist Evas Wissbegierde bereits von leidenschaftlichster
Erregung getrieben. Beim Vater musste sie darauf
bedacht sein, von diesem die Initiative zum Bericht
über die Meisterprüfung zu erlangen, da kam die
Scheu vor dem Vater mit ins Spiel, Sachs gegenüber
darf sie unbefangen sein, und doch steht er fremder
zu ihr — sie muss versuchen, ihn direkt zu fragen,
ohne ihre Absicht merken zu lassen. Erst diese

Scene bringt das volle Resultat, teils liegt das daran,
dass Sachsens Auge schärfer ist als das Pogners
und Sachsens Verstand heller als der sorgenerfüllte
und sorgendurchwirrte des Vaters, teils auch, weil
Eva in dem Kontraste ihrer inneren Erregung und
Unbefangenheit, die sie zur Schau tragen muss,
leidenschaftlicher ist, die Naivetät gar zu viel Klugheit sein muss, als dass sie Sachsen stand zu halten
vermöchte.

Ach, Evchen ist gar zu klug! Ganz verschmitzt
fängt sie es an, den Freund zum unschuldigen Ge-
plauder über die Meisterprüfung zu verlocken. Aber
eben gerade diese Klugheit ist's, die Sachsen ver-
dächtig vorkommt.

Sachs rückt nicht heraus, „wer denn Bräutigam
wäre." Eva auch nicht. Das geht so hinüber, her-
über. Sie wird ungeduldig.

„Ihr wisst nichts? Ihr sagt nichts? — Ei, Freund Sachs!
„Jetzt merk' ich wahrlich, Pech ist kein Wachs.
„Ich hätt' euch für feiner gehalten.

Nein, das thut Sachs nicht, dass er redselig
Evchen seine Herzensmeinung ausschüttet — erst
will er wissen, warum sie danach Verlangen trägt.
Er sondiert. Und er schlägt den richtigen Weg dazu
ein, den negativen, indirekten. Und da spricht er
denn zuerst von Beckmessers Werbung. Davon will
sie natürlich nichts wissen. Jetzt wird sie gar zu
schlau: Sie schmeichelt Sachs, indem sie sagt:

„Könnt's einem Witwer nicht gelingen?"

Er sieht sie lustig an:

„Lieb' Evchen! Machst mir blauen Dunst?"

Aber sie sucht ihre Diplomatie mit gemütvollen Gründen zu stützen.

Heiter hält ihr Sachs wieder den Spiegel vor:

„Da hätt' ich ein Kind und auch ein Weib" — .
— — — — — — — — — —

„Ja, ja! das hast du dir schön erdacht."

Es klingt einen Ton ernster. Gleich reagiert Eva darauf, indem sie vorbeugt, dass dann Beckmesser sie ersingen würde.

Wiederum pariert Sachs:

„Wie soll't ich's wehren, wenn's ihm geläng'? —
„Dem wüsst' allein dein Vater Rat." —

Auch Sachs weist sie ab und — an den Vater, der gar nichts gesagt hat! Nun ist aber die Ruhe bei ihr dahin! Wenn der Vater Rat wüsste, wäre ich dann zu Euch gekommen?! — Aha! —

Und abermals thut Sachs, als verstände er sie nicht. Da endlich geht sie ein.

„Wohl in der Singschul'? 's war heut' Gebot."
„Ja, Kind: eine Freiung machte mir Not."

Nun hat sie ihn soweit. Endlich! In der Ungeduld fängt sie an, sich zu verplaudern, darum ist sie gekommen:

„Ja, Sachs, das hättet ihr gleich soll'n sagen."

Und dabei rückt sie direkt mit der Frage heraus:

„Nun sagt, wer war's, der heut' Freiung begehrt?"
„Ein Junker, Kind, gar ungelehrt."

Punktum.

Jetzt auf einmal, da sie ihn sicher zu haben glaubt, schlägt sie einen ganz anderen Ton an. Sie thut ganz verwundert:

„Ein Junker? Mein, sagt! und ward er gefreit?"

Kurz berichtet Sachs, dass er verlor. Nun weiss sie es genau! Das Unglück reisst sie fort. Jetzt deutet sie selbst an, was sie von Sachs haben wollte:

„So sagt mir noch an,
„Ob er keinen der Meister zum Freund sich gewann?"

Da hat's Sachs sicher, was er geahnt! Evchen liebt den Junker, sie wünscht ihn zum Meister und Sieger! Und nun die letzte Prüfung, die Gewissheit, wie tief diese Mädchenliebe sitzt! — Wie könnte er das wohl besser erfahren, als wenn er g e g e n den Junker spricht? — Das wird sie am ehesten dazu reizen, mit ihren Gefühlen hinter dem Berge hervorzutreten. Und richtig! Kaum hat Sachs erklärt:

„Den Junker Hochmut, lasst ihn laufen —
— — — —
„Hier renn' er nichts uns über'n Haufen:
„Sein Glück ihm anderswo erblüh'!"

da bricht's los:

„Ja, anderswo soll's ihm erblüh'n
„als bei euch garst'gen, neid'schen Mannsen,
„wo warm die Herzen noch erglüh'n,
„trotz allen tück'schen Meister Hansen!"

Das war's also! Sie wollte Sachsen zum Sprechen bringen, Sachs aber brachte sie dazu. Er hat's nun genau herausgebracht, das „anderswo, wo warm die Herzen noch erglühn!"

„Das dacht' ich wohl. Nun heisst's: schaff' Rat!"

Sie aber ahnt nichts davon, dass Sachs sie nur irregeführt. Sie glaubt, dass auch der Freund ihrem Helden missgünstig sei. Welche Not für sie! Versungen hat er, von den Meistern ist er verachtet,

verkannt, selbst der Vater und Sachs lassen ihn im
Stich — und damit auch sie. So ist's nun nicht
mehr möglich, dass durch eine freundliche Für-
sprache alles noch leicht zum Guten gelenkt werden
könne — o nein! Nun ist sie mit ihrer Liebe auf
sich selbst angewiesen. Pogners Töchterlein ist
innerlich frei und selbständig geworden. In bebender
Erregung harrt sie des Geliebten:

> „Ach meine Angst!"

Und „ausser sich" stürzt sie ihm entgegen, alle
Zagheit ist verschwunden, in der Not ihrer Leidenschaft begrüsst sie ihn:

> „Ja, ihr seid es!
> „Nein, du bist es!
> „Alles sag' ich,
> „Denn ihr wisst es;
> „Alles klag' ich,
> „Denn ich weiss es,
> „Ihr seid Beides,
> „Held des Preises [1]
> „Und mein einz'ge Freud." —

Durch die Scene mit Sachs ist sie jetzt dahin
gekommen, dass sie mit Walthers tollem Plane einer
Flucht übereinstimmen kann. Aus den Worten:
„allen tück'schen Meister Hansen" spricht dieselbe
leidenschaftliche Verachtung der Meister, wie die,
die Walthers zorniger Unmut nun loslässt. Walthers

> „Fort, in die Freiheit!
> „Dorthin gehör' ich,
> „Da, wo ich Meister im Haus"

[1] Der heisst: Ihr allein seid des Preises würdig, keinem
anderen als Euch reich' ich ihn und Ihr werdet ihn auch
erhalten, nämlich: meine Hand! —

geht parallel das „anderswo", das Eva eben Sachsen
emphatisch verkündet hat. Sie willigt zur Flucht!
sie flieht: „dem Meistergericht!" —

Es passt nun gut, dass Magdalene Evas Kleidung
angethan, um David einen Schelmenstreich zu spielen.
Nun kann sie den Anzug Lenes nehmen — zur Flucht.
Und nun ist sie fertig. Rückhaltslos sinkt sie ihm
an die Brust: „Das thör'ge Kind, da hast du's! da!"
Jetzt denkt sie an nichts weiter als an Flucht. „Von
hinnen! Von hinnen!" „Kein Besinnen!"

Ihre Erregung hat den höchsten Grad erreicht.
Auch Sachs ist ihr jetzt ein böser Mensch! — Sein
Lied ist auf sie gemünzt[1]) voll Bosheit! —

Aber fliehen! fliehen! Sie selbst giebt den Weg

[1]) Allerdings münzt Sachs sein Schusterliedchen auf das
Liebespaar. Eva hat in ihrer Ungeduld gar nicht verstanden,
dass er ihr wohl erst hat audeuten wollen, was er von dem
Junker meint. („Wer als Meister ward geboren" etc.) Aber
das hat sie überhört. Nun merkt er die Entführungsgeschichte.
Und da singt er denn, anscheinend ganz harmlos, ein Lied-
chen von einer gewissen Eva, die von Gott dem Herrn aus
dem Paradies verstossen sei, und von einem gewissen Adam.
„Und da der Adam, wie ich seh', an Steinen dort sich
stösst die Zeh'" etc. und von einem Schuster, der beiden
„die Stiefel macht" und sie damit auf den richtigen Weg
bringt, „dass recht fortan er wandeln kann". Aber beide
merken eben diesen Sinn nicht. Ihr Herz wallt viel zu heiss
und verwirrt, als dass sie erraten könnten, was der Freund
ihnen künden will. — So hat auch hier Sachsens Schusterlied
eine tiefere, sinnige Bedeutung für das Stück und die dramatische Entwicklung desselben: Der scheinbar zufällige alte
Mythenstoff wird in Bezug zu Held und Heldin gebracht —
der Sang hindert zugleich Beckmesser in seinem schönen
Ständchen und das Liebespaar an der Flucht. — Das ist
Wagnersche Dichtkunst! —

an! — „Der Sitte Bruch" ist vollständig. — Glück-
licherweise kommt's anders. Erst kommt der Nachtwächter, dann Sachs, dann Beckmesser, zuletzt die
Prügelei dazwischen. Dass die Flucht nicht gelingt,
liegt nicht an dem Verschulden des Liebespaares.[1])
Das ist auch ganz in der Ordnung. Wie gut aber,
dass Evchen Lenes Kleidung trägt — denn diese
verhindert es, dass Vater Pogner erfährt, dass er
sein liebes Evchen aus dem nächtlichen Strassen-
tumult holt.

Pogner ruft: „He, Lene, wo bist du?" Und der
gute Sachs sagt rücksichtsvoll:

„In's Haus, Jungfer Lene!"

Da ist der weibliche Junker auch am besten
aufgehoben. —

3.

„Sieh, Evchen! Dacht' ich's doch, wo sie blieb!"
— Sachs erwartet sie am Johannismorgen. Der
Gespensterspuk der Nacht ist vorbei; am hellen Tag
macht sich so manches anders. Sie hat's doch für
rätlich befunden, den bösen Sachs zu besuchen. Er
begrüsst sie unbefangen, mit einer gutmütigen
Schmeichelei ob ihres Feststaates.

Was will sie? Was bringt sie? Warum kommt
sie? —

O, das ist sehr einfach: Lediglich der neuen
Schuhe wegen.

---

[1]) Aber natürlich nicht am sog. „dramatischen Zufall",
sondern es ist bedingt durch Sachs, Beckmesser und David
und mit grösster Sorgfalt dramatisch richtig begründet. —

Aber aus ihren ersten Worten klingt doch eine
leise verschämte Anspielung mit durch:

„Wer sieht dann an wo's mir beschwerlich,
„Wo still der Schuh mich drückt?“

Sachs reagiert aber schlechterdings nur als
Schuster. Durch die Blume hört er auch jetzt nicht.
Evchen:

„Sobald ich stehe, will's nicht geh'n,
„Doch will ich geh'n, zwingt's mich zu steh'n.“

Was ist das „es“? Ihre Liebesgeschichte. Ohne
ihr eigenes Hinzuthun wird's nicht — nun hat sie
einen tollen Pfad eingeschlagen, da bot Sachs Halt.

Sachs aber probiert am wirklichen Schuh herum
und fragt Evchen, wo's drückt. Einmal vorn, dann
oben auf der Spanne, dann am Hacken, immer da,
wo Sachs meint.

„Ach Meister, wüsstet ihr besser als ich
„wo der Schuh mich drückt?“ —

Jawohl! — Die Thür geht auf, Walther tritt
ein. Evchen stösst einen Schrei seligster Über-
raschung aus. Und Sachs hat ihn beherbergt! Sachs
hat ihr den Geliebten bewahrt.

In zarter Rücksicht zieht sich der Wackere
zurück, angeblich um andern Schuh zu ändern. Nun
neckt er sie mit ihrem Angebot: „ich werbe doch
noch um dich“. — Evchen antwortet gar nicht mehr.
Sachs bittet in zarter Weise Walther um den letzten
Vers des Liedes — und der gilt ihr! — Nun ist
alles überwunden! Unter dem Zauber des Sanges
ihres Geliebten — jetzt erst erfährt sie, was sie nur
geahnt, die kühne, hehre und hohe Dichtkraft ihres
Helden — bleibt sie gebannt von dem Eindrucke

einen Augenblick sprachlos — aber als der Freund
ihr kündet, das sei ein Meisterlied und neckisch sagt:

> Schau', ob dabei mein Schuh geriet?·
> Mein' endlich doch
> es thät' mir gelingen?
> „Versuch's! tritt auf! — Sag', drückt er dich noch?"

Da geht's ihr auf, was der Freund im stillen für
sie gewirkt! O, Sachs war's, der erkannt, wo „der
Schuh sie drückte" und sie damit überrascht, dass
er, ohne ihr Vorwissen, die Geschichte glücklich
zurechtgeschustert hat! — O Sachs! Überwältigt
von Glück, Liebe und Freude sinkt sie unter dem
Thränenstrom der Ergriffenheit dem Freunde ans
Herz.

Und als er diskret ausweichen will, und angeblich nach David sieht, um dabei ihr neckisch vor-
zuwerfen, was sie ihm gestern alles bitterbös an den
Hals geworfen, da zieht sie ihn herbei zu sich, nun
fallen die mädchenhaften Verstellungskünste — nun
quillt ihr Herz über:

> „O Sachs! Mein Freund! Du teurer Mann!
> „Wie ich dir Edlem lohnen kann!
> „Was ohne Deine Liebe,
> „Was wär' ich ohne dich,
> „Ob je auch Kind ich bliebe,
> „Erwecktest du nicht mich?"

Und doch, sie liebte Sachsen! Jetzt erfahren
wir's: Wenn sie hätte unter den unbeweibten Sängern
der Gilde auswählen müssen — ja, da hätte sie
keinen anderen als Sachsen gewählt! Aber hatte sie
denn die Wahl? O nein.

> „Das war ein Müssen, war ein Zwang!
> „Dir selbst, mein Meister wurde bang."

Ja, jetzt hat sie doch recht behalten. Wie stolz
darf sie sein, zu sagen:

„O lieber Meister! schilt mich nur!
„Ich war doch auf der rechten Spur!“

Was bleibt noch zu sorgen? —
Mit inbrünstiger Ergriffenheit, in seliger Andacht
spricht sie den Taufspruch zu der neuen Weise, von
Sachs dazu aufgefordert.
Da bekennt sie ihr Glück. Welche Lust, es zu
erfassen, zu deuten! Die Meisterweise Stolzings hat
es ihr in die Brust gegeben. Wär's wirklich nur
ein Traum? Doch nein! Es bedeutet den höchsten
Preis! Auf dieses Lied wird sie den Kranz Walthern
reichen dürfen! „In der Meister vollem Kreis deute
sie den höchsten Preis.“ —
Und also geschieht es.

III. Die Meister.[1]

Die Gegenpartei des Heldenpaares sind in Wahr-
heit nicht das, was sie den jungen Liebenden erscheinen und auch nicht das, als was sie auf der Bühne
meist vorstellen, weder „Eulen und Raben“, „näselnd
kreischend“, „tückische Mannsen“, aber auch keine
puren Comparseristen. Die Jugend generalisiert
gern; was ihr als Einzelzug auffällt, danach

---

[1] Obgleich Sachs äusserlich mit zu ihnen gehört, soll
er nicht mit hierher eingerechnet sein, da er im Stück seine
selbständige Bedeutung hat. Unter „Meister“ sind daher nur
die Mitglieder der Zunft zu verstehen, die das dramatische
Gegengewicht zu Walther bilden und von diesem Gesichts-
punkte aus einheitlich betrachtet werden können. Daher wird
Beckmesser mit zu ihnen gerechnet.

urteilt sie über das Ganze. Und die Opernbühne individualisiert nicht gerne.

Die Dichtung bietet ein anderes Bild dar. Die „Meister“ sind nicht etwa eine unterschiedlose Masse flacher Philister, einer wie der andere, beschränkte Geister, nur dazu da, um als dunkler Hintergrund das Bild des Helden in desto helleren Farben schillern zu lassen. Ganz im Gegenteil. Die Kunst des Dichters hat sie im allgemeinen auch mit sympathischen Zügen ausgestattet, im besonderen jeder Einzelfigur eine charakteristische Prägung und Bedeutung gegeben.

Wie bereits bei der Charakteristik Walthers hervorgehoben wurde, ist die Gesamtheit der Meister dem Neuerer durchaus nicht von Anfang an missgünstig gestimmt, sie sind bei weitem nicht alle „Beckmesser“. Am besten charakterisiert sie Sachs in den Worten:

> „ihr habt's mit Ehrenmännern zu thun;
> „die irren sich und sind bequem,
> „dass man auf ihre Weise sie nähm'.“

Und ihre Weise ist doch so unrecht nicht:

> „Wie kann die Kunst wohl unwert sein,
> „die solche Preise schliesset ein? —
> „Dass uns're Meister sie gepflegt,
> „grad' recht nach ihrer Art,
> „nach ihrem Sinne treu gehegt,
> „das hat sie echt bewahrt“ — — —
> „Was deutsch und echt wüsst' keiner mehr,
> „lebt's nicht in deutscher Meister Ehr'.
> u. s. w.

Was Walther von den Meistern trennt, ist nicht Intrigue noch Rancüne, sondern einfach ein Princip, das ausser beiden Elementen liegt. Hier der Neuerer,

dort das Alte, beides von Wert. Auch im Erhalten
des Bestehenden liegt eine sittliche Macht. — Söhnen
sich die Gegensätze in friedlicher Harmonie aus,
dann ist ein bestes Werk vollbracht! —

Bedächtig und behäbig,[1]) im stolzen Bewusstsein
ihres Bürgerwertes treten sie einher. Umständlich
sind alle ihre Formalitäten, sie halten mit pedantischer
Wichtigkeit fest an ihren Ceremonien und ihrer
Würde.

Freudig begrüssen sie Pogners treffliche Worte
und sein Gelöbnis.

„Das nenn' ich ein Wort! Ein Wort, ein Mann!
„Da sieht man, was ein Nürnberger kann!" —

Wie ehrt das den Meistergesang. Welchen Re-
spekt wird das Volk vor der Kunst haben, die solche
Preise zu bieten vermag, vor der Zunft, die solche
Mitglieder hat! —

Als Walther im ersten Akte sein Probelied singt,
bildeten sich in der Meisterschaft zwei Parteien aus:
Während die einen dem Neuen unschlüssig gegen-
überstehen („Man ward nicht klug") ist die andere
direkt dagegen („Gar nichts dahinter").[2]) Aber zum
Schlusse, beleidigt durch Walthers Provokation und
aufgehetzt durch den Merker, der selbst die Ob-
jektivität der naiven Unschlüssigen überredet, fällen

---

[1]) Die sie charakterisierenden Klänge, das sogenannte
„Meister - Motiv" muss daher im Orchester möglichst breit
und gemessen genommen werden, nicht als fideler Marsch in
Alegro!

[2])   „Eitel Ohrgeschinder!
              „Gar nichts dahinter!"
Deutsche Kapell„meister" und Konzert„meister" haben anscheinend Modell gesessen!

sie das Verdikt: „Versungen und verthan!"[1]) Dadurch kommt auch in dieses Material dramatische
Entwicklung und Spannung. Irgend eine persönliche Missgunst bringen sie Walther nicht entgegen,
Beckmesser natürlich immer ausgenommen. Mit
einem gewissen gutmütigen Humor verfolgen sie
die ganze, für sie kuriose Angelegenheit. Als Beckmesser die mit Strichen ganz bedeckte Tafel aus
dem Merkerstuhle herauszeigt, ist vermerkt: „Die
Meisten müssen lachen."

Und zuletzt, als Walther auf der Festwiese sein
Lied singt, sperren sie sich nicht in kleinlichem
Trotze gegen ihn, im Gegenteil, sie lassen's gern
geschehen, dass durch Sachsens feine Diplomatie
die ganze Angelegenheit einen herzerfreuenden Aus-
gang gewinnen kann:

> „Ei, Sachs! Gesteht, ihr seid gar fein! —
> „So mag's denn heut' geschehen sein."

Freilich, über ihren Zopf kommen sie bei aller
Würde und Gutmütigkeit nicht hinaus. Weiter als
die Tabulatur reicht, vermag keiner zu denken. Ihr
Horizont hört da auf, wo das Gewohnte seine äusserste
Grenze hat.

Der typische Vertreter zopfiger Pedanterie ist
Fritz Kothner. Ein gewichtiger, behäbiger Bäcker-
meister, der als jüngstes Zunftmitglied den Ceremonien-
kram auch am meisten betont. Schon seine Sprech-
weise, mit einem gewissen Aplomb erfüllt, zeigt Selbst-
behaglichkeit und Selbstwichtigkeit: Schwerfällig
gesucht klingen seine Worte:

---

[1]) Bei der Abstimmung über Walthers Aufnahme in die
Zunft stimmt nur „die Mehrzahl" gegen ihn, darauf erst:
„Alle Meister: „Versungen und verthan!" —

„Zu einer Freiung und Zunftberatung
„Ging an die Meister ein' Einladung
— — — — — als letzt-entbotner
„der ich mich nenn' und bin Fritz Kothner."

Sein Hauptaugenmerk ist, dass nur ja die Regel
strikt gewahrt bleibt. Darüber zu wachen, ist ihm
Hauptsache und Herzensbedürfnis. Er ist auch der-
jenige, der nichts davon wissen will, dass bei der
Entscheidung des Preisgerichtes Eva oder das Volk
eine Stimme haben solle.

„Der Kunst droht allweil Fall und Schmach,
„läuft sie der Gunst des Volkes nach."

Und als Walther angemeldet ist, da betet er die
zunftmässigen Fragen alle her: Ob er ehrlich geboren, wess' Meisters Gesell er sei, in welcher Schul'
er das Singen gelernt. Auch er ist's, der die Tabulatur
zu verlesen hat. Er würde sich wohl zufrieden
geben, wenn Walther berichtet, er habe in der
zünftigen Schule zu X. pflichtschuldig seine Sänger-
Lehrzeit abgesessen.[1]) So aber hat er nur in Waldes-
pracht und auf der Vogelweide studiert. Da meint
denn Meister Kothner leise zu den Kollegen:

„Was meint ihr, Meister? Frag' ich noch fort?
„Mich dünkt, der Junker ist fehl am Ort.

---

[1]) Modern ausgedrückt: Konservatorium. — Als der Verfasser noch die jugendliche Thorheit an sich hatte, mit Leuten
über Wagner zu diskutieren und mit Beweisen für Wagner
Propaganda machen zu wollen, sagte ihm ein braver alter
Kgl. Kammermusiker, Wagner sei überhaupt gar kein Musiker. Denn warum? Er hätte die Musik nie richtig gelernt —
nie eine Fuge geschrieben, weil er's nicht konnte; denn hätte
er's gelernt, hätte er's auch gekonnt und hätte er's gekonnt,
hätt' er's auch gethan! —

Und sein eigentliches Urteil über Walther? Es
lautet ganz offen und ehrlich:

„Ja, ich verstand gar nichts davon!“

Was ihn vollends indigniert, ist der, für ein
Zunftgemüt, wie er, entsetzliche Umstand, dass der
Ritter „gar vom Singstuhl gesprungen!“ Herr Jesus!
— Der Kürschner Kunz Vogelgesang ist ein
ganz anderer Mann. Er hat am meisten von den
Meistern eigenen Sinn und Selbständigkeit. Er ist's,
der Sachs darin beipflichtet, dass man sich bei dem
Feste auch einmal zum Volke hinabwenden solle,
er ist nicht wie Kothner so ganz vom Weihrauch
der „hohen Meister-Wolke“ umfangen, dass er auch
meinte, man dürfe nicht von der feierlichen Höhe
einmal herabsteigen. Walthers Gesange folgt er mit
eigenem Interesse und Gefallen. Er macht die Be-
merkung, dass der „zwei art'ge Stollen da eingefasst
habe.“ — Ei nun, er wagt's!“ —

Konrad Nachtigall, seines Zeichens Böttcher,
ist von etwas gröberem Korn, als der Kürschner.

„Wenn spricht das Volk, halt' ich das Maul!“ —

Er scheint es sowieso nicht gern aufzuthun.
Besondere eigene Gedanken sind dem Biedermanne
wohl nicht allzuhäufig. Bei Walthers Vortrag sagt
er nicht ja noch nein, aber:

„Merkwürd'ger Fall!“

Er ist der Philister, der über's Staunen nicht
hinauskommt.

Der Zinngiesser, der Seifensieder, der Strumpf-
wirker, der fromme Kupferschmied sind nur „Meister“.
Am wenigsten sagt der Gewürzkrämer. Während

die anderen bei dem Namensaufruf ihre Antwort
gern in einen kleinen Kernspruch kleiden wollen,
hat Herr Ulrich Eisslinger nur das Wort: „Hier!"
Das klingt am nüchternsten. Am Ende hat auch
dies etwas zu bedeuten?[1])

Zwischen den Meistern besteht eine Art Stufen-
leiter. Die bisher besprochenen dürften als juste
milieu in die Mitte kommen, den obersten Rang
nimmt Pogner ein, auf der untersten Stufe steht
Beckmesser.

Vater Pogner ist der Repräsentant idealen
Bürgertums. Sein Gewerbe, die hochangesehene
Goldschmiedekunst, zeichnet sich vor den anderen
aus, er wohl ist der reichte unter den Meistern, sein
Haus vornehm und behaglich, — „reicher", wie der
Dichter im Scenarium bemerkt, steht gastlich dem
Fremden offen. Seines Reichtums ist er sich bewusst,
aber gerade dies Bewusstsein bewegt ihn, den eigenen
Wert ganz ausserhalb seines Besitzes zu suchen.

Ein „reicher Mann" sonst würde eine Geldsumme,
ein kostbares, käufliches Wertstück als Preis stiften,
er aber vermeidet dies gerade, er will, dass man die
Stiftung nicht seinem Vermögen, sondern seinem
Herzen zuschreibe, deshalb stellt er Evchens Hand
als Sängerlohn hin. Und was hat ihn dazu ver-

---

[1]) In der Prügelscene, wo der Dichter mit köstlichem
Humor die alten traditionellen, volkstümlichen Zunftneckereien
verwendet, sind die Würzkrämer am meisten und mit selbständigen Versen bedacht:

„Sie riechen schön,
„Sie riechen schön,
„Doch haben viel Verdruss,
„Und bleiben gern vom Schuss." —
u. s. w.

anlasst? Es kränkte ihn, dass man im deutschen
Lande „den Bürger wenig preis't, ihn karg nennt
und verschlossen" — er ist nicht nur ein vornehmer
Bürger, sondern ganz besonders eine vornehme Natur
— stolz in seiner Eigenschaft als Bürger, will er
das Bürgertum auch geachtet sehen, will er zeigen,
was dieses vermag, die grossherzige That, die er
plant, soll nicht ihm, sondern seinem Stande Lor-
beeren bringen -- er selbst wagt dabei Schweres,
ja sogar ein grosses Opfer. Die Kunst ist's die das
Bürgertum adelt — nicht durch prunkvolle, muni-
ficente Stiftungen, nein, durch ideale Zwecke scheint
ihm das Bürgertum vor der Welt sich zeigen zu
sollen. Er ist der idealdenkende Bürgersmann,
dessen Ruhm nicht in „Schacher und Geld", sondern
in der persönlichen Pflege des Edlen und Schönen
beruht, das nur durch Gesinnung, nicht aber durch
äusserlichen Besitz erworben und gepflegt werden
kann.

Seine Rede, sein „wichtiger Antrag" ist voll
schönem, freimütigem Bürgerstolz, gerade das Gegenteil von protzenhaftem Sichaufblähen, er ist Bürger,
nicht Bourgeois.

Unserem Bewusstsein mag es zuerst befremdend
vorkommen, dass er sein Kind, das einzige, zum
Sangespreis setzt. Es darf mit gutem Grund behauptet
werden, dass dieser Zug unser Gefühl, das sich gegen
die Ehe ohne Selbstentscheidung sträubt, in der Dichtung unsympathisch ist. Der lebendige Turnierpreis
erscheint uns peinlich.

Um uns mit diesem Moment der Dichtung aus-
zusöhnen, ist's nötig, dass wir die darauf bezüglichen
Einzelheiten genauer prüfen.

Zuerst muss der Gedanke an eine Entschuldigung durch poetische Lizenz, durch romantische Freiheit, ganz ausser acht gelassen werden. Wagner selbst, der nichts dichtete, was nicht innerlich wahr und berechtigt wäre, würde selbst am entschiedensten solche Verteidigungsgründe abweisen.

Stellen wir uns zunächst auf historischen Boden. Es ist ja aus der Kulturgeschichte her sattsam bekannt, dass im enggeschlossenen Gesellschafts- und Familienleben jener Zeit der Frau durchaus nicht der Grad von Selbständigkeit zugestanden wurde, wie heute. Das Mädchen des Mittelalters und zu Anbeginn der deutschen „Renaissance" trat früh in die Ehe, oft, ja meist mit 14 Jahren. Die „Frauen-", im besonderen die Madonnenbilder der deutschen Maler jener Zeiten, zeigen deutlich, dass das „Frauen-" Ideal mehr nach dem Kindesalter, als dem gereiftern „Matronen"tum, wie es sich besonders in Italien entwickelte, hinneigte. Den Frauen der deutschen Meisterbilder ist ein mädchenhafter Zug zu eigen. Das Hauptgewicht der künstlerischen Schönheit ist in den Kopf gelegt, während die Glieder, besonders die Arme schmächtig, oft sogar dürftig erscheinen; während die Büste spärlich und der Leib unebenmässig stark entwickelt ist, ist das Gesicht zart, anmutig, kindlich gehalten. Jenes deutsche Frauen-Ideal darf, um seine künstlerische Schönheit zu offenbaren, durchaus nicht nach dem Massstabe der Antike gemessen werden, deren Einfluss sich erst bei Dürer deutlich bemerkbar macht. — Bei der Sitte früher Heirat musste naturgemäss auch die elterliche Autorität und Bevormundung ungleich stärker sich geltend machen: das deutsche Mädchen von ehedem

ward verlobt, „angelobt" — erst das moderne
Fräulein verlobt sich. Zunft- und Familien-Inter-
essen sprachen ein gewichtiges Wort mit; daher ist
das gar nicht so seltene „Verloben" — also transitiv —
von Kindern zweier befreundeter Familien nicht
weiter verwunderlich. Bürgerliche Sitte und Familien-
wesen waren so stark entwickelt und ausgeprägt,
dass solche Ehe schon durch die äussere Macht der
Konvention ihren inneren Halt erhielt.

Dass nun ein Dichter eine derartige kulturelle
Eigentümlichkeit verwertet, muss ihm zugestanden
werden, nur darf und muss eine Auseinander-
setzung mit dem modernen Bewusstsein verlangt
werden. Der Zuschauer würde sich nicht damit
begnügen, wenn Evchen Walther einfach als Preis
zuerteilt würde, ohne dass die Empfindung erweckt ist, dass sie ihm auch angehören will, ihn
„liebt". Sonst würde der peinliche Gedanke an
Sklavenhandel nicht unterdrückt werden können.
Er würde auch dann noch leise vorhanden sein,
wenn diese Liebe Evas in keinem inneren Zusammenhange mit der Zuerkennung als Preis stünde
und wenn überhaupt das geschichtliche, der gegen-
wärtigen Gefühlsrichtung unsympathische Princip
keine poetische Korrektur und Aussöhnung mit den
neuzeitlichen Anschauungen erführe. Wagner aber
lässt diese in vollem Masse sich vollziehen. Es ist
wahr: Pogner verfügt äusserlich willkürlich über
Herz und Hand seines Kindes. Aber gerade das
erweckt ein dramatisches Interesse. Nicht als
plumpes Lustspielmotiv wird dieser Umstand verwertet, sondern nur für höhere, ideelle dichterische
Zwecke.

Zunächst ist es im Charakter Pogners ganz vortrefflich motiviert:

> „Was wert die Kunst, und was sie gilt,
> „das ward ich der Welt zu zeigen gewillt"

im idealen Übereifer giebt der edle Bürgersmann mehr als er geben sollte.

> „Dem geb' ich, ein Kunst-gewog'ner,
> „von Nürenberg Veit Pogner,
> „mit all' meinem Gut, wie's geh' und steh',
> „Eva, mein einzig Kind, zur Eh'." —

Das ist der stolze, Sitte-beschränkte Bürgersmann. „Geb' ich in die Eh'." Er meint, dass er sein Kind zu verloben hat — über das Herkommen denkt er nicht hinaus. Wir sehen ja auch, dass Evchen sich anfangs gar keine Skrupel darüber macht; sie fand's in holder Kindesunschuld ganz natürlich so. Aber trotzdem hat der Dichter versucht, diese Schroffheit zu mildern. Pogner ist nicht ein tyrannischer Hausvater, auch kein Mann vorschnellen Entschlusses. Er hat seinen Plan vorsichtig erwogen, um so zäher hält er nun auch an ihm fest. Auch ihm ist der Gedanke schon gekommen, dass solche, nur auf Meisterkunst beruhende Eidamschaft ungünstigen Falles unglücklich enden könne. Wenn Eva einen Widerwillen vor dem Gewinner habe, stehe ihr das Recht zu, ablehnen zu dürfen, aber nur unter der schweren Bedingung, auf eine Heirat überhaupt verzichten zu müssen.

> „Ein' leblos' Gabe stell' ich nicht."

Sachs opponiert entschieden:

> „Ein Mädchenherz und Meisterkunst
> „erglüh'n nicht stets von gleicher Brunst."

Er, der die Kunst, die alte, frei und vorurteilslos
betrachtet, ist auch der Sitte und ihrem traditionell
beschränkten Gesichtskreis voraus. Ganz und gar?
Nein. Er hängt am ehrwürdigen Alten, nur sucht
er als vorurteilsfreier Dichter und Mensch sinnig die
Vermittelung. Als Dichter bei Walther, als Mensch
hier in dieser Angelegenheit. Etwa zu sagen: Evas
Wahl müsse völlig selbständig sein, ihre Heirat sei
bei dem Preisgesange gänzlich ausser dem Spiele zu
halten, das thut er nicht. Auch für ihn ist Evchen
ja eben nur „das Kind" — von dem er eine verstandesmässige oder gefühlsklare Entscheidung gar
nicht erwartet. Ein Kind handelt instinktiv, wie —
das Volk.

> „Der Frauen Sinn, gar unbelehrt,
> „dünkt mich dem Sinn des Volks gleich wert."

Er meint, das richtige Resultat erwarten zu
dürfen, wenn er das Gegengewicht gegen die Meister
verstärkt, er verdoppelt es, indem er verlangt:

> „so lasst das Volk auch Richter sein;
> „mit dem Kinde sicher stimmt's überein."

Sagt Evchen „Ja" und das Volk ebenfalls, dann
ist nichts zu befürchten. Sagt Evchen „Ja" und das
Volk ist dagegen, so ist's ebenfalls gut, dass das Volk
mitsprechen darf. Das Volk ist ihm eben der ver-
körperte natürlich-richtige Instinkt, die letzte natürliche Instanz, deshalb möchte er gar zu gern auch
die Meisterkunst an ihm erprobt wissen,

> „ob ihr der Natur
> „noch seid auf der richt'gen Spur."

Er denkt dabei, gleich zwei Gewinne auf einmal zu
ziehen. —

Aber Pogner geht nicht darauf ein. Er gehört eben zu denen, die, wenn sie einmal einen Plan ausgereift haben, nicht davon abgehen mögen, zumal Anderen die Einmischung nicht zugestehen wollen. Der vornehme Goldschmied hat da seine stolze Hartnäckigkeit. Er liebt es nicht, Entschlüsse zu modeln:

„Freund Sachs, was ich mein', ist schon neu:
„Zuviel auf einmal brächte Reu!"

Es würde ihn kränken, wenn sein Antrag von anderer Seite noch ein Amandement erhalten sollte. — Der Dichter nun hat in weiser Erwägung oder sicherem Gefühl dafür gesorgt, dass der Zwiespalt zwischen dem dramatischen Ereignis und der Empfindung des Zuschauers möglichst bald gemindert werde und die poetische Gerechtigkeit möglichst bald ihre Spuren andeute: mit grossem dramatischen Geschick hat er die dadurch erweckte Spannung über das ganze Stück hindurch aufrecht zu erhalten vermocht, die Entwicklung dieser Angelegenheit feinsinnig ausgesponnen und in das Stück verteilt.

Schon am Schlusse des ersten Aktes deuten sich bei Pogner Schatten von Besorgnis an: Walthers Erscheinen hat ihn dazu veranlasst. Der Jüngling hat sein Herz gewonnen:

„als Eidam wär er mir gar wert;"

nun hat dieser versungen — wenn schon ihm der Gedanke aufgeht, dass seine Zuneigung mit der Preisverteilung kontrastieren könne, wie dann erst mit seinem Kinde? Und wen er, ganz objektiv, als Sieger anerkennen muss, wird der der Tochter genehm sein? —

„Gesteh' ich's, dass mich das quält,
„ob Eva den Meister wählt!" —

Er merkt wohl, dass er bei aller guten Absicht
eine Thorheit begangen haben könne. Aber selbst
eine Lösung zu finden, dazu ist er nicht der Mann,
auch in punkto Kunst denkt er nicht über die Regel
hinaus:

„Herr Ritter, das geh' nur nach der Regel"

und

„Vernehmt ihn gut! Wünsch' ich ihm Glück,
„nicht bleib' ich doch hinter der Regel zurück."

Bei Walthers Prüfung äussert er weder Beifall,
noch Missfallen. Er ordnet sich dem Beschlusse
der Majorität unter („weiche ich hier der Über-
macht"), nur wagt er es, ein paarmal höflich und
bescheiden auf formalem Wege zu Gunsten Walthers
zu intervenieren:

„Ein Wort, Herr Merker! Ihr seid gereizt?"

und

„Vermeidet, Meister, Zwist und Streit!"

Er ist lediglich Mann der Gesinnung. Darum
steht er auch bei den Meistern so hoch im Ansehen,
sein Wort, seine Empfehlung genügen. Selbst Beckmesser verschont ihn, als einzigen, mit hämischen
Worten.

Aber mit der vornehmen Gesinnung hat's auch
sein Bewenden. Auch ihm haftet eine gewisse Be-
schränktheit an. Die problematische Bedeutung von
Walthers Kunst, die einem Sachs sofort aufgeht,
bleibt ihm fremd. Er ist mehr Kunstfreund, als
Künstler. — Nun, wo es darauf ankommt, den Irrtum wieder gut zu machen, die bedenkliche Affaire

ins rechte Geleis zu bringen, steht's bei ihm still.
Er denkt nie daran, sich wo anders Rat zu holen.

> „Lass' seh'n, ob Meister Sachs zu Haus,
> „Gern spräch' ich ihn!"

Er kämpft mit sich. Aber er will sich nicht
die Blösse geben, von anderer Hand sein Werk
korrigiert zu sehen.

> „Will einer Selt'nes wagen,
> „Was lässt er da sich sagen?"

Und doch! Sachs hatte ihn ja gewarnt. —
Aber ratlos wie er gekommen, geht er auch von
dannen. —
Und dann zum Schluss?

> „O Sachs! Dir dank ich Glück und Ehr',
> „Vorüber nun all' Herzbeschwer!"

Der Herr Stadtschreiber. Er ist eine kuriose
Gestalt. Auf der Bühne zeigt er sich in seltsamen
Variationen. Er war zu sehen als possenhafter
Hampelmann und als Bösewicht à la Franz Mohr.
Wie ist nun sein Charakter in Wirklichkeit? Gar
vielgestaltig. Die anderen Meister sind Gestalten
aus einem Guss, mit unmittelbarer Lebenswahrheit,
das Bild Beckmessers scheint mehr eine Mosaik zu
sein. Es haben eben zu viele Modell dazu ge-
standen. [1])

[1]) Vornehmlich haben an seiner Erschaffung Dresdner,
Münchner, Berliner Künstler und Kritiker mitgewirkt. —
Göllerich berichtet einmal, auf dem Personen-Verzeichnis des
Manuskriptes habe der Stadtschreiber „Hans Lick" geheissen.

Der hauptsächlichste Charakterzug an ihm ist niedrige Gesinnung. In dieser Hinsicht ist er das vollständige Gegenteil zu Pogner. Aus seiner niedrigen Gesinnung entspringen und verzweigen sich seine sonstigen Eigenschaften, Eigennutz — Habsucht, Misstrauen Bosheit, Neid — Infamie, alles zusammen in Borniertheit und — Dummheit. Die „Dummheit" offenbart sich als das Resultat. An seiner niederträchtigen Dummheit geht er zu Grunde, seine dumme Niedertracht stellt ihm selbst ein Bein. Evchen kann ihn nicht leiden. Er weiss es. Ein halbwegs anständiger Charakter würde da überhaupt auf die Werbung verzichten. Nicht so Beckmesser. Er führt sich gleich damit ein, dass er Pogner zu bestimmen sucht, bei dem Werbegesange Evas Entscheidung ganz wegfallen zu lassen! Als Pogner ihm sagt, dass bei einer Heirat wohl auch des Mädchens Wunsch ins Gewicht zu fallen habe, bittet er den Vater, dieser möge doch auf das Mädchen zu seinen Gunsten einwirken. Liebt er denn Evchen? Mit seiner Liebe hat's eine eigene Bewandtnis. Da er seiner Gesinnung nach ein vollendeter Schubiak ist, so ist's ganz natürlich, dass ihm das Verständnis für besser angelegte Naturen völlig abgeht, daher vermag er denn in anderen Leuten keine anderen Motive zu erblicken, als seine eigenen

Wer's verschuldet, dass der Dichter später den harmlosen Namen des alten Meistersinger Beckmesser hineinkorrigiert hat, möge es verantworten, dass ein Feuilleton-Meister so schnöde um sein Denkmal aere perennius und die deutsche Litteratur um einen so eigenartigen, köstlichen Dichterscherz gekommen ist!

schoflen. Und so verplappert er sich dann in seiner
Wut Sachs gegenüber über seine Neigung zu Eva:

„Nun hör' ob hell ich seh',
„Die ich mir auserkoren,
„die ganz für mich geboren,
„zu aller Witwer Schmach,
„der Jungfer stellst du nach.
„Dass sich Herr Sachs erwerbe
„des Goldschmieds reiches Erbe,
„im Meisterrat zur Hand
„auf Klauseln er bestand." —

Damit überreicht er unbewusst sein eigenes
Portrait. — Kein Wunder, dass er in Sachs seinen
natürlichen Feind erblickt. Er kennt in seinem
niedrigen Egoismus überhaupt nur zwei Kategorien
Menschen: „Freunde" und „Feinde". Darum ist er
immer in gereizter Stimmung und Aufregung. Immer
wittert er Feinde, immer nur dreht sich sein be-
schränktes Dichten und Trachten um diese Begriffe.
— Das ist ein ganz wahrheitsgetreuer Zug, dem
niederen Musikantentum abgelauscht. Ob Sachs
sein „Freund"? Ob Sachs sein „Feind"? Er misst
danach seinen eigenen mutmasslichen Erfolg, wie
er sich gegen „Freunde" oder „Feinde" benehmen
würde. Er kennt nur die Absicht, dem Feinde ein
Bein zu stellen, dem „Freunde", das heisst einem
Menschen, der ihm nützlich ist, wieder nützlich zu
sein. Das sind ihm die einzig massgebenden Ge-
sichtspunkte. — Menschen, die keine andere Trieb-
feder kennen als rücksichtslosen Egoismus, wird es
nicht schwer, bei dem stetigen Hervordrängen ihrer
Person bescheidenere und vornehmere Naturen zu
beherrschen, zu tyrannisieren. Das mag auch der
Grund sein, weshalb er's zum Merkertum gebracht.

Sein Merkeramt liegt ihm sehr am Herzen, krampf-
haft ist er immer darauf bedacht, es gegen Neider
zu verteidigen; überall wittert er Intriguen dagegen.
Kaum ist von der Merkerwahl die Rede, so wird
er auch gleich empfindlich:

„Presiert's den Herr'n,
„Mein Stell' und Amt lass' ich ihm gern."

Damit will er nichts anderes, als die Antwort
provozieren: „O bitte recht sehr, Herr Stadtschreiber,
merken Sie nur ruhig weiter."

Gegen Sachs, der die Ehre seines Misstrauens
am meisten geniesst, lässt er sich auch über die
Merkerei aus:

„Neidisch seid ihr, nichts weiter,
„Dünkt ihr euch gleich gescheiter;
„dass andre auch 'was sind, ärgert euch schändlich!
„glaubt, ich kenne euch aus- und inwendig!
„dass man Euch noch nicht zum Merker gewählt,
„das ist's, was den galligten Schuster quält.
„Nun gut! So lang' ich noch bei den Meistern was gelt',
„ob Nürnberg „blüh" oder „wachs",
„das schwör' ich Herrn Hans Sachs,
„nie wird er zum Merker bestellt!" [1])

Aber siehe da! Als er in den Glauben hinein-
gefallen, Sachs würde ihn protegieren. wendet sich
das Blättlein:

„Dank' ich euch inniglich,
„weil ihr so minniglich;
„für euch nun stimme ich,
„kauf' eure Werke gleich,
„mache zum Merker euch:

— — — — — — — —

„Merker! Merker! Merker Hans Sachs!"

---

[1]) Nürnbergs Blühen und Gedeihen — was kümmert's
ihn. Sein Gott ist eben der heilige Ego! —

Da hat er denn gar nichts dawider, dass der
„grobe Schuster" Merker werde, daher kommt's wohl,
dass wir Hans Sachs denn auch zum Johannisfest
zum „Spruchsprecher" ernannt finden. Und wie hand-
habt er denn sein Amt? Nur nach rein persönlichen
Motiven. Seine Drohung gegen Sachs: „euch bring'
ich doch sicher aus dem Takt!" lässt auf die Ob-
jektivität schliessen, mit der er über Walthers Lied
zu Gericht sitzt! — Er sucht ja auch durch möglichst
lautes Ankreiden und Missfallensbezeugungen ihn zu
irritieren! --

Von seinen künstlerischen Qualitäten, obgleich
er die Kunst nur mit jener gemeinen Niedrigkeit
betreibt, die nun einmal seinem Wesen überall an-
haftet, ist er sehr durchdrungen:

> „Was Ton und Weise betrifft, gesteht,
> „da thut's mir keiner vor!
> „Drum spitzt nur fein das Ohr,
> „und: Beckmesser,
> „Keiner besser!
> „Darauf macht euch gefasst,
> „Wenn ihr ruhig mich singen lasst!"

Ei gewiss, er beherrscht sein Material! Das be-
streitet ihm ja auch keiner. Er kennt die Technik
des Meistergesanges aus dem ff, lange hat er daran
studiert — er ist sozusagen Autorität. Er ist's denn
auch, dem der Dichter die gar nicht misszuverste-
henden Worte bei Walthers Vortrag in den Mund
legt:

> „Kein Absatz wo, kein' Koloratur,
> „von Melodei auch nicht eine Spur!"

Nun, das ist ja recht schön, aber wo bleibt das
Kunstwerk? Es fehlt ihm dazu bloss ein wenig an

Gedanken. Das ist das einzige, worin ihm Sachs
über ist. Gedanken! Gedanken! Wenn man doch
auch diese in der Zunftschule lernen könnte! Und
hier ist der kritische Punkt! Das ist's, was ihn in
die Falle treibt, wo er „dumm wird" und „mit sich
reden lässt."

Seine Herrschsucht und sein Neid, entsprungen
seiner gierigen Habsucht, sind's auch, die ihn von
Anfang an sogleich gegen Walther Stellung nehmen
lassen. Sein Instinkt sagt ihm ganz richtig, dass
Leute mit „lachenden Augen" -- Sachs und Walther —
seine natürlichen Feinde sind. Die Siegfriedsnaturen
fürchtet er wie Gift.

> „So einer fehlte uns bloss!"

In Walther sieht er zuvörderst nur den „Aben-
teurer" — jedem neuen Mitglied der Zunft sieht er
mit Besorgnis entgegen, stets fürchtet er einen Ri-
valen, wenn nicht gar einen Feind. Treffend hat
ihn der Dichter mit dem einen Worte charakterisiert,
als er Walthers plötzlich ansichtig wird:

> „Wer ist der Mensch?"
> „Holla! Sixtus! Auf den hab' acht!"

Gleich hat er sein Misstrauen gegen Pogner
gefasst: der Junker soll doch nicht etwa gar als
„Werber" vorgeschoben werden?

> — „Geht's da hinaus, Veit?
> „Meister, ich mein', zu spät ist's der Zeit."

Und da hat er denn nichts eiliger zu thun, als
den Fremdling hinaus zu merkern, hinaus zu kriti-
sieren.

Der Dichter hat die Figur des „Merkers" mit
besonderer Sorgfalt ausgestattet, er lässt ihm noch

etwas ganz besonderes zu gute kommen, den Schluss
des zweiten Aktes. Es scheint, als ob die Prügelscene des Stadtkritikers wegen geschaffen wäre. Im
dritten Akte offenbart sich Beckmessers künstlerische
Jämmerlichkeit am klarsten, dieser Akt bringt das
künstlerische Facit des Menschen, der sich in den
vorangehenden Akten vor unsern Augen entwickelt
hatte. Er kann nicht einmal reproduzieren, er ist
unfähig, künstlerische Gedanken Anderer zu erfassen.
Und dabei bildet er sich noch ein, keiner könne
besser vortragen wie er, „Ton und Weise" machen!
Er ist ganz glücklich in dem Gedanken, das fremde
Lied singen zu können. Ein Erfolg kann ja nicht
ausbleiben, er wird schon gefallen. Sachs meint
zwar: „Das wunderte mich sehr!" Aber er singt's:

„Das Lied! — bin's sicher — zwar keiner versteht:
„doch bau' ich auf eure Popularität.

Da haben wir's! Sachs ist Autorität. Wenn der
sagt, das Lied wäre schön, dann imponiert es den
Laien. Und frech und fröhlich wagt's der Wackere,
in unsinniger Verstümmelung das fremde Werk vor-
zutragen.

Dass er, der grosse und gefürchtete Meister Beckmesser, schliesslich so weit kommt, sich mit fremden
Federn zu schmücken, ist vom Dichter mit vieler
Sorgfalt motiviert und angelegt worden: Beckmesser
m u s s einen grossen Erfolg bringen, wenn ihm
Evchen gewogen sein soll — denn das Ständchen,
womit er der Jungfer Neigung sittig und zart ersingen wollte, ist misslungen, und zwar durch
Sachsens Lied. Und dies wiederum hat er durch
seine hämischen Angriffe, das Schimpfen auf Sachsens

Schusterarbeit provoziert! — So ist sein schliesslicher
Sturz das konsequente Resultat der eigenen Bosheit,
es entwickelt sich aus steter dramatischer Stufenfolge.
Und zudem hat ihn die Prügelscene so zugerichtet,
dass ihn die 9 Musen, die sonst seinen dichterischen
Verstand zu einem selbständigen Liede angeblasen
hatten, schnöde im Stich lassen.

> „Ich armer, zerschlag'ner Geselle,
> „Wie fänd' ich heut' dazu Ruh'?"

Das ist der letzte Trumpf, den der Dichter gegen
künstlerisches Zunftwesen, gegen das Kliquenwesen,
das eigenes künstlerische Unvermögen durch gegen-
seitige „autoritative" Lobhudelei und wechselseitige
Anpreisung lukrativ macht, ausspielt. Sobald nur eine
„Autorität" erscheint, gleich ist das Publikum über-
zeugt und begeistert,[1]) und selbst ein Stümperwerk
wird dadurch nobilitiert! —

Indem Walthers Weise, vom Dichter selbst
gesungen, siegend emporsteigt, sinkt Beckmessers
Treiben der Verachtung anheim — er verlässt den
Schauplatz. —

Die „Meister" aber sind gewonnen:

> „Das ist 'was and'res! Wer hätt's gedacht?
> „Was doch recht Wort und Vortrag macht!"

Wagners Absicht hierbei ist nicht schwer zu
erkennen. Den Kommentar dazu bietet seine Ab-
handlung über das Dirigieren. Dieser Zug der
Dichtung ist aus persönlichen Erfahrungen ihres
Schöpfers entstanden. Man entsinne sich dabei an
den Kampf, den Wagner um die richtige Inter-

---

[1]) Das war sogar einmal in monumentalen Wagnerkreisen
zu beobachten!

pretation Beethovens, besonders der neunten Sinfonie, kämpfte. Ein paar eigene Worte Wagners sollen zur näheren Illustrierung dienen: „Vor längeren Jahren war nämlich auch die neunte Sinfonie in einem Armenkonzert von Reissiger aufgeführt worden und mit aufrichtiger Zustimmung des Dirigenten vollkommen durchgefallen." „Ich hatte am Tage nach der Aufführung", (d. h. der von Wagner geleiteten) „die Genugthuung, den Musikdirektor Anacker aus Freiberg bei mir zu empfangen, welcher kam, um mir reuig zu melden, dass er bisher einer meiner Antagonisten gewesen sei, seit dieser Aufführung aber zu meinen unbedingten Freunden sich zähle." [1])

Eins noch soll nicht unerörtert bleiben: die arge Verstümmelung des Liedes durch Beckmesser mag vielleicht manchem übertrieben, karrikiert erscheinen. Es kam dem Dichter dabei wohl weniger darauf an, durch den Wortlaut der Verstümmlung selbst einen komischen Effekt zu erzielen, als vielmehr durch die Art, wie eine solche Verdrehung eines Textes zustande kommen könne, und durch die Hervorhebung der Sinnlosigkeit, mit welcher Beckmesser das fremde Werk verarbeitet. Und in Anbetracht dessen, dass man beide Texte nebeneinander zu halten und sich Sachsens Hand etwas unleserlich vorstellen kann, dürften dann die Variationen Beckmesserscher Lesart nicht zu ungeheuerlich vorkommen, ja erfahrungsmässig als möglich gelten. [2])

---

[1]) Aus R. W.'s „Ges. Schr. u. Dichtungen". II, 53 u. 54.

[2]) Der Verfasser selbst hat eine darauf bezügliche Erfahrung gemacht, deren Erzählung hier wohl am Platze sein

IV. Hans Sachs und das „Volk".

Bei den bisherigen Erörterungen ist Hans Sachsens bereits des öfteren gedacht worden. Es war nicht zu umgehen, in die vorangehenden Kapitel den Schuster-Dichter mit hineinzuziehen. So ist allmählich das, was kurz über ihn gesagt werden kann, mit eingeflossen, sodass für ein Sonderportrait an dieser Stelle nur wenig neue Züge übrig bleiben.

Hans Sachs, die liebenswürdige, vornehme Natur, ist in Bezug auf das Problem der Träger der Versöhnung, Meister des Alten, Anwalt des Neuen, in Bezug auf die Handlung der, in dessen Hände alle Fäden des Stückes zusammenlaufen, das Wirrnis gelöst und das Gewebe sicher geknüpft wird. Aber dennoch hat ihn der Dichter nie direkt in den Vordergrund der Aktion gerückt, der wundervolle Zug sinniger Bescheidenheit, der sein ganzes Wesen uns so lieb und anmutend macht, lässt ihn anscheinlich mehr in Reserve treten, aber eben dies zarte und diskrete Handeln Sachsens verklärt die Figur um so mehr. Ob der Dichter seinem Freunde Liszt, der treu und unablässig für ihn, ohne provo-

dürfte. Bei Gelegenheit einer anderen Schrift meldete sich ein Schreiber zur Besorgung der Copisten-Arbeit. Da der Mann sich als wohlbewandert in seinem Fache ausgab, erhält er den Auftrag, einen Probebogen zu liefern. Der Originaltext fing an: „Die Revolution vernichtete den Rest jener alten Weltanschauung bei Wagner" etc. Auf dem Probebogen stand zu lesen: „Die Revolution rohrnüsselte den Rossjammer alter Weltanschauung bei Wagner" etc. und so gings weiter. Da dachte ich, das „der Hund blies winkend" ist nicht so unwahrscheinlich.

katorisches Geräusch zu machen, sorgend wirkte,
manchen alten Meister für ihn gewann, die Meister-
sänge, Lohengrin und Tannhäuser, dem entstellenden
Beckmessertum öffentliche Stadtschreiberei und Zunft-
sängerei zum Trotze, in „rechtem Vortrage" vor
dem Volke zum Siege brachte, ob der Sänger von
dem „Exil" seiner Schweizer Vogelweide dem helfen-
den Sachs in Weimar damit dankbar ein Monu-
ment setzen wollte, — der Gedanke dürfte erwogen
werden. —

Die Stellung Sachsens zu Walther im Stück ist
nicht, wie angenommen werden kann, eine ganz
unbedingte, rückhaltslose Anteilname an allem, was
Walther betrifft.

Sachs wurzelt fest im Boden des Herkömm-
lichen, er steht dem Meistergesang und seinen Regeln
durchaus nicht feindlich gegenüber:

> „Verhüt' es Gott, was ich begehr',
> „Dass das nicht nach den Gesetzen wär'."

Aber er ist nicht in seinem Horizont so be-
schränkt, wie Kothner und die rechte Seite der
Zunft. Er ist vorurteilsfrei, künstlerisch gerecht und
uneigennützig. Treibt Walther des Lenzes-Gebot,
die süsse Not, so treibt ihn der Sommerabend, der
Fliederduft, die stille Beschaulichkeit eines hellen
Dichterherzens zum Singen. Er passt nicht zum
„Merker" und wird wohl auch schwerlich um das
Amt sich beworben haben. Walthers Weise gefällt
ihm, weil der junge Sänger Wahrempfundenes vor-
bringt:

> „Kein Regel wollte den passen,
> „War doch kein Fehler d'rin!"

— — — — — — —

„Des Ritters Lied und Weise,
„sie fand ich neu, doch nicht verwirrt,
„verliess' er unser G'leise,
„schritt er doch fest und unbeirrt.
„Wollt ihr nach Regeln messen,
„was nicht nach eurer Regel Lauf,
„der eignen Spur vergessen,
„sucht davon erst die Regel auf!"

Der innere Kern der Kunst, nicht ihre äussere
Technik, daran die Zünftler kleben, ist's, was ihn bewegt, seine Künstlerschaft ganz erfüllt; er trägt nur
Sorge, dass das echte Künstlerische sich nicht in der
blossen Technik verliere.[1]) Deshalb meint er auch:

„Dem Volke wollt ihr behagen,
„nun dächt' ich, läg' es nah'.
„Ihr liesst es selbst euch sagen,
„ob das ihm zur Lust geschah?
„dass Volk und Kunst gleich blüh' und wachs,
„bestellt ihr so, mein ich, Hans Sachs!"

Walthers Mut hat ihn begeistert, als der Mut
selbständiger Künstlerschaft:

„Der's Herz auf dem rechten Fleck,
„Ein wahrer Dichter-Reck!"

Deshalb ruft er ihm auch zu:

„Singt! Dem Herrn Merker zum Verdruss!"

Als Walther „verthan", blickt Sachs „gedanken-
voll nach dem leeren Singestuhl" — da steht das

---

[1]) Lebendiges Beispiel, oder vielmehr totes: Opern (jedes
Jahr mindestens eine), Messen, Operetten, Motetten, Oratorien,
Walzer, Mazurkas, Sinfonien, Lieder-Cyklen, Polkas, Glorias,
Fugen, Kleinkinder-Klavierschulen, alles von einer Hand ge-
arbeitet! — „Kauf Eure Werke gleich, mache zum Merker
Euch!" —

hochwichtige Ding, ein Armesünderstühlchen. Die
Versündigung aber ist auf Seite der Richter. Schade
um den Sänger, der da oben abgethan wurde. Um
ihn zog ein Wehen, wie ein neuer Frühling der
Kunst kam es einher — nun hat man ihm die Thüre
verschlossen. Wird's in der Zunftstube nun nicht
noch dumpfiger werden?

Dadurch, dass man dem Lenz die Thüre ver-
schliesst, wird man ihn nicht aus der Welt schaffen.
Das neue Leben wird schon kommen. Der Flieder
weiss es. —

Und was soll Walther thun? „Er ist als Meister
geboren", nun ja, „mag er durch die Welt sich
raufen". —

Erst als Sachs sieht, dass Evchens Herz an ihm
hängt, dass das Nachbarkind, ihm lieb und wert,
seines Herzens Glück an den Junkersmann gehängt,
erst da kommt Sachsen der Gedanke, hier einzu-
greifen, der Liebe und damit der Kunst zum Siege
zu verhelfen. Dass er dabei selbst eine hohe Mission
erfüllt, zeigt die Probe vor dem Volke. Mit dem
Freundschaftswerk erreicht auch Sachs sein lang
ersehntes Ziel, die Thüren der Zunftstube öffnen sich,
der Lenz kann herein, die Meister zum Volk, das
Volk zu den Meistern.

Ja, das Volk! Beckmesser meint:

„Ei seht, wie sich die Buben freu'n" —

Sachs ist von solchem Hochmut fern, er weiss
die Kraft und Bedeutung des Volkes zu schätzen,
er achtet das Volk und das Volk ihn. Das ist sein
schönster Lohn. Er, der Bescheidene, „arm-einfältige
Mann" erringt bei der Lösung des Stückes den

schönsten Lebenserfolg. Er hatte darin recht, das wie
er vom Volke dachte. Es offenbart das erhoffte richtige Urteil bei dem Sängerstreit, es lacht den Beckmesser aus, es jubelt dem echten Sange zu, das
Volksgelächter ist's, was den Beckmesser unmöglich
gemacht, ihn vernichtet hat.

Fest an der Hand fassend, führt Sachs seinen
Walther vors Volk und spricht den ernsten Spruch
auf echtes Volkstum und echte Kunst.

Und das Volk beschliesst die Handlung mit
dem Rufe:

> „Heil Sachs! Hans Sachs!
> „Heil Nürnbergs teurem Sachs!

III. Die Ökonomie des Stückes.

Wahre Meisterwerke der Kunst zeigen auch in
der Form die Vollendung. Wie in Rafaels Bildern
das künstlerische Ebenmass sich auf den kleinsten
Pinselstrich erstreckt, die feinste Linie ein harmo-
nisches Glied der Komposition darstellt, kein Far-
benton aus der Harmonie der Stimmung sich hervor-
drängt oder herausfällt, die Schönheit des künstlerischen Gedankens durch die Schönheit der künstlerischen Form getragen wird, so auch im vollen-
deten dramatischen Kunstwerk, in Wagners Dichtungen und hier in des Meisters Lustspiel.

Wagners Meistersinger sind auch in dieser Hinsicht ein unübertroffenes Muster. Dem dramatischen
Bild liegt eine vollendete dramatische Konstruktion
zu Grunde, der Aufbau der Linien, der dramatische

Grundriss ist ein Meisterwerk der Technik, die
Struktur weist eine sinnvolle Ebenmässigkeit und
Harmonie auf, die wahrhaft klassisch zu nennen ist.
Ob das, was wir mit Hilfe der Reflexion als archi-
tektonischen Grundriss nachzeichnen, bereits vom
Dichter ebenso durch Reflexion erwogen und fest-
gestellt ist, ist kaum anzunehmen. Dichterisches
Gefühl, dramatischer Instinkt haben das instinktiv
richtig erfasst und spielend leicht hervorgebracht,
was wir, der dichterischen Intention mit verstandes-
mässiger Analyse nachgehend, uns erst rekonstruieren
müssen.

Halten wir an der Sonderung von Problem,
Handlung und Charakteren als Hauptingredienzen
der dramatischen Komposition fest, so ergiebt sich
zuerst bei Betrachtung des Grundrisses des Dramas
eine sorgsame, wohlgeordnete Verteilung dieser
Elemente auf die einzelnen Akte.

Das eigentliche Problem, der künstlerische Kampf
zwischen Walther und den Meistern ist in die Gesamthandlung so verteilt, dass es in jedem Aufzug
an die dramatisch wirkungsvollste Stelle verlegt ist,
um die zweite Hälfte eines jeden Aktes, in der Mitte
beginnend und bis zum Schlusse hinreichend. Im
ersten Akte liegt die Verkündung von Pogners Antrag genau in der Mitte, dann folgt die Charakteristik
der einzelnen Meister in der Diskussion über den
Antrag, durch Walthers Erzählung beginnen sich
die Gegensätze zu entwickeln, Walthers Lied bildet
den Höhepunkt des ersten Aktes, seine Angriffe
gegen die Meister begründen die Umkehr, bis die
Entwickelung der nun abwärts sich bewegenden
Handlung zum „Versungen und verthan" kommt.

Im zweiten Akt beginnt das Problem sich wieder in der Mitte, in Sachsens Monolog, zu regen, der dramatische Höhepunkt, und der des Stückes überhaupt, liegt genau in der Mitte: Evchens Gespräch mit Sachs bedeutet ihn.

Auch im dritten Akt, wo die Lösung erfolgt, liegt diese in der Mitte: Walthers Sang der neuen Weise vor Eva.

Genau mit diesen Punkten trifft auch die Lösung der Entwickelung der Charaktere zusammen, sie erfolgt ganz richtig stets da, wo das Problem einen Wendepunkt hat. Im ersten Akte offenbart sich der ganze Charakter Walthers in seinem Freiungsliede, im zweiten der Evchens vor Sachs, woran sich sofort der Entschluss Sachsens, „Rat zu schaffen", anschliesst, im dritten Akte erreicht bei der Lösung des Problems auch der Charakter des Helden seine Lösung. Die übrigen Scenen der einzelnen Akte sind ebenso symmetrisch angeordnet. Jeder Akt beginnt als stimmungsvolle Einleitung mit einem Hinweis auf das Johannisfest.

Im ersten Akt ernster, erhebender Kirchengesang, der auf die Weihe des Festes, die ursprüngliche Bedeutung des Tages, deutet:

„Edler Täufer,
„Christ's Vorläufer!
„Nimm uns freundlich an,
„dort am Fluss Jordan."

Den zweiten Akt, wo die „Johannisnacht" mit tollem Spuk und Zauber ihr Wesen treibt, leiten die Lehrbuben ein, indem sie lustig singen:

„Johannistag, Johannistag,
„Blumen und Bänder so viel man mag."

und den dritten leitet eine Scene zwischen Sachs
und David ein, der nun den Schmuck des Festes,
die Blumen und Bänder trägt und – auf einmal inne
wird, dass heute Sachsens Namenstag, dass Sachs
auch ein Johannes ist!

Jeder Stelle, wo das Problem direkt zur Ver-
handlung kommt, geht eine gewisse dramatische
Vorverhandlung voraus, die vermittelnd zu diesem
überleitet: So Walthers Freiungsgesang sein Bericht
von seiner künstlerischen Entwickelung, Evas Gespräch mit Sachs der Fliedermonolog einerseits und
Evas Unterredung mit dem Vater andererseits, Walthers Gespräch mit Sachs der „Wahn-Monolog".

Auch die Gegenpartei, in Beckmesser perso-
nifiziert, hat ihren bestimmten Platz in der Anordnung des Stückes. Der Merker tritt stets da in
Aktion, wo der Held, Walther, unmittelbar vor einer
entscheidenden Aktion steht. Ehe Walther vor die
Meister tritt, um in die Zunft aufgenommen zu werden,
wird der Merker losgelassen, so im ersten Akte
sein Gespräch mit Pogner und seine Zänkereien mit
Sachs vor dem Freiungsliede, im zweiten Akte das
Ständchen, wodurch Walther an der Flucht verhindert wird, im dritten sein Besuch bei Sachs vor
Walthers Scene mit Eva.

Ein jeder Akt weist eine vollständige dramatische
Entwickelung und Steigerung auf, ist sozusagen ein
Stück Drama für sich. Jeder Akt hat seine Ein-
leitungsscene, von welcher an die Handlung sich zu
einem Höhepunkte hinaufbewegt, um sodann wieder
gegen das Ende zu eine Umkehr zu erfahren.

Der mittelste Akt, der den Höhepunkt des ganzen
Stückes zu tragen hat, hat Aufwärtsbewegung, Höhe

punkt und Umkehr am stärksten ausgeprägt in seiner Mitte cardinieren die folgenden Hauptmomente des Dramas: die Entwickelung des Problems, (das der Kunst und das des Geschickes der Liebenden,) der Charaktere des Heldenpaares, der dramatischen Fabel (Pogners Gedanken und Zweifel an der Preissetzung Evas), und Sachsens Entschluss zu helfen.

Die einzelnen Akte sind durch Übergänge und Hinweise mit einander verknüpft. Walthers Andeutung, Nürnberg zu verlassen, Sachsens stummes Spiel am Schlusse der Handlung leiten zum zweiten Akte über, wie die Aufnahme Walthers in Sachsens Haus zum dritten.

Folgendes Schema wird die Übersicht über den Grundplan des Dramas noch weiter erhellen:

I. Akt.

Einleitung.
Johannisfeier.
- Kirchengesang. Hinweis auf das Fest und seine Bedeutung.

Beginn der Handlung und Exposition.
A. Die Helden.
- 1) Walthers Liebe zu Eva und Evas zu Walther.
- 2) Einführung der Fabel: Erzählung von dem Preisgericht. Resultat:
  - 1) Euch oder Keine.
  - 2) Hilf Lene, mir den Ritter gewinnen.
  - 3) W.'s Entschluss, Meister zu werden.

Übergang: Stummes Spiel der Liebenden.

B. Die Gegenhandlung.
Die Meister.
- 1) Pogner. Beckmesser. Beckmessers Werben um Eva. Charakter-Andeutung des Merkers.
- 2) Pogners Antrag. Resultat: Ablehnung von Sachsens Vorschlag. Exponierung der Fabel.
- 3) Diskussion der Meister. Entwicklung der Meister-Charaktere. Erstes Hervortreten von Sachs. Durch Sachs Hinweis auf das Volk. Weitere Darlegung des Charakters des Merkers.

Übergang: Exponierung der Gegenhandlung. Davids Bericht an Walther über die Regeln der Zunft.

C. Zusammentreffen von Held u. Gegenhandlung.
- Walthers Bitte um Einlass in die Zunft. Sein Bericht.

Dramatischer Höhepunkt des ersten Aktes.
- Walthers Prüfungslied. Beckmessers Stören. Beleidigung und Angriffe Walthers gegen die Meister.

D. Umkehr.
Übergang zum II. Akt.
- Resultat: „Versungen und verthan." Sachsens stummes Spiel zum Schlusse.

II. Akt.

| Aufsteigen der Handlung. | Höhepunkt des Stückes, der Charaktere, der Helden, der Handlung und Gegenhandlung. | Umkehr und Fallen der Handlung. |

Einleitung.
Lehrbuben: Johannistag etc.

Übergang: Lene und David.

Beginn der Handlung.
Die Heldin.

Eva Wissbegierde. Gesteigerte Erregung von Sorge. Eva Angst.

Gesteigerte Angst Eva's, Entschluss, zu gehen.

Eva Entschluss, zu Sachs zu gehen.

Eva und Pogner.

Eva und Sachs.

1) Sachsens Entschluss Eva zu helfen.

2) Walthers und Evas Entschluss zur Flucht.

Beginn der Umkehr.

Verhinderung der Flucht durch den Nachtwächter. Sachsens Lampe.

Beckmessers Ständchen. Sachsens Schusterlied. Beginn des Fallens.

David prügelt Beckmesser. Fortsetzung des Falles: Volksscene. Andeutung der Lösung. Resultat:

Flucht unmöglich. Sachs bringt Eva nach Haus. Gegenhandlung. Gegenhandlung durch Sachs.

Nimmt Walther zu sich.

III. Akt.

Aufsteigen der Handlung.					Höhepunkt.	Lösung des gesamten Stückes.			
Einleitung.	Beginn der Handlung.	Beginn der Lösung.							
David und Sachs. Johannistag.	Sachsens Monolog. Resultat: Entschluss zur Lösung.	Sachs und Walther. Schaffung des Meisterliedes.	Beckmesser nimmt das fremde Lied.	Walthers Lied vor Eva. Innere Lösung vollendet.	Das Volk. Tanz am Johannistag. Aufzug der Zünfte.	Beckmessers Gesang. Unterliegen der Gegenhandlung.	Walthers Lied. Lösung der Fabel und äussere Lösung des Problems.	Walthers Ablehnung der Meisterwürde.	Vollständige Lösung durch Sachs. Walther Meister und Sieger. Schluss durch das Volk.

Es ist zuletzt in der schematischen Darstellung
des Stückes die Rede gewesen von „Gegenhandlung".
Das bezog sich naturgemäss auf Beckmesser. Man
könnte glauben, dass das Wort „Intrigue" einfacher
gewesen wäre. Es muss hervorgehoben werden,·
dass dieses Wort absichtlich vermieden wurde, da
thatsächlich die Handlung der Meistersinger durchaus
keine Intrigue enthält. Das hat seine besondere Bedeutung. Wagner verwarf aus ästhetischen Gründen
die Intrigue.

Und mit Recht. Die Intrigue ist ein plumper
Stein, der dem Helden vor die Füsse geworfen wird,
damit dieser stolpere und stürze; sie ist ein rohes
Hilfsmittel äusserlicher Komödienmache, nicht aber
ein rein dramatisches Moment. Das gute Drama
entwickelt sich nur aus den Aktionen seiner Charaktere, also im letzten Grunde aus inneren psychischen
Motiven.

Wir würden in den „Meistersingern" zuletzt
doch nur ein Theaterstück gebräuchlichen Genres,
nicht aber ein mustergültiges Drama erkennen, wenn
etwa die Lösung des Stückes dadurch geschähe,
dass Sachs gegen Beckmesser eine Intrigue anspinne,
etwa derart, dass er ihm mit Absicht das fremde
Gedicht in die Hand spielte, ihn veranlasste, es zu
singen und damit den vorauszusehenden Sturz Beckmessers herbeiführe.

Die ausgesprochene Verwerfung der Intrigue er=
folgte erst in einer späteren Schaffensperiode des
Dichters und es ist interessant zu bemerken, wie
dadurch auch in den ursprünglichen Plane zu den
„Meistersingern" eine Umänderung hineinkam. Früher war die Sache so angelegt: „Sachs giebt dem

Merker ein Gedicht des jungen Ritters, von dem er
vorgiebt, nicht zu wissen, woher es gekommen sei."¹)
Dadurch hätte Sachs dem Beckmesser eine Falle
gestellt, die Lösung des Stückes hätte schliesslich
auf einer Lüge basiert. Das hat nun Wagner in
späterer Zeit wohlweislich abgeändert. Jetzt ist der
Vorgang folgender: Beckmesser, der argwöhnische
und neidische, hat Sachs von Anfang an im Verdacht,
dass dieser ihm im Werbegesange um Eva Konkurrenz
machen werde. So stöbert er denn auf Sachsens
Schreibtische herum und — findet das Blatt, noch
mehr: er steckt es zu sich. Und Sachs sagt: „Damit
man von euch auch nichts Übles denkt, behaltet das
Blatt, es sei euch geschenkt." — „Damit ihr kein
Dieb."

Durch diese Anordnung hat der Dichter zwei
Vorteile erlangt: Er umging die Intrigue, die nun,
trotz aller Versuche Beckmessers, gegen Walther
zu intriguieren, und die nur Beckmessers intriguanten
Charakter erhellen, nicht aber einen Einfluss auf die
L ö s u n g des Stückes haben, worauf es ja allein
hierbei ankommt, von dem Stücke ferngehalten wird
und ferner erzielt er dadurch noch einen besonders
scharfen Zug in der Charakteristik Beckmessers,
der durch die Angst um den Sieg beim Wettgesang
den Grund der Erbärmlichkeit erreicht: Er wird
zum Dieb.

Dadurch hat es Wagner vermocht, die Handlung lediglich aus innerer Charakterentwickelung
der leitenden Personen sich herausgestalten zu
lassen.

---

¹) Mitteilung an meine Freunde, Orig.-Ausgabe. S. 94.

Auch in dieser Hinsicht offenbaren sich die „Meistersinger" als das, was sie sind und hoffentlich lange Zeit befruchtend auf die Entfaltung eines echten deutschen Dramas einwirken werden, als Meistergesang, als Meisterwerk im höchsten Sinne des Wortes.

Druck von Gressner & Schramm in Leipzig.

Constantin Wild's Musikverlag, Leipzig und Baden-Baden.

Bereits erschienene und demnächst erscheinende Musikwerke,
welche sich auch vorzüglich zum Konzert-Vortrag eignen.
Dieselben sind durch alle Buch- u. Musikalienhandlungen
— sowie direkt vom Verleger — zu beziehen.

A. Für Orchester.

Klughardt, A., Symphonie Cmoll, Op. 57.

B. Für Männerchor mit Begleitung von Blasinstrumenten.

Pfeiffer, Th., Frühlingsgruss.

C. Für Klavier zu zwei Händen.

Pfeiffer, Adagio aus dem Es-dur-Konzert von Beethoven. — *von
Brucken-Fock, G. H. G.*, Serenata. — *Hill, Alf.*, Aus meinem Skizzenbuch. — *Trumann, E. P.*, Drei Fantasiestücke. — *Pfohl, F.* Strandbilder.

D. Für Klavier zu vier Händen.

Klughardt, A., Symphonie C-moll Op. 57.

E. Für Violine und Klavier.

Sawyer, H. P., Romanze. — *Hill*, Liebe, Gegensätze. — *Hill,*
Schottische Sonate. — *Hill*, Sonatine. — *Jadoul, Th.*, Elegie.

F. Für Violincello und Klavier.

Trumann, Romanze, Op. 9. — *Jadoul*, Elegie. — *Afferni, U,*
Wiegenlied.

G. Für Violincello, Orgel oder Harmonium.

Trumann, Andante religioso.

H Melodram.

Pohl, R., Die Wallfahrt nach Kevlaar.

I. Lieder und Gesänge für eine Singstimme mit Begleitung des Pianoforte.

Jadoul, Sehnsucht. — *Dwelshauvers-Dery*, Lieboslied. — *Dwelshauvers-Dery*, Mailied. — *Dwelshauvers-Dery*, Lotosblume — *Hill*,
Am Meer. — *Hill*, Schlummerlied. — *Trumann*, Sechs Lieder. —
Borodin, Das Meer. — *Borodin*, Des Mädchens Zauberschlaf. —
Pfohl, F., Drei Lieder: a) Am ersten Mai — b) Schlummerlied —
c) Satanella. — *Haarklou, J.*, Andre beten zur Madonne. —
Ruydant, F., An Mariechen. — *Sawyer*, Vier Lieder. — *Pohl, R.*,
a) Frühlingssehnsucht — b) Volkslied — c) Liebesfrühling — d)
Brautlied. — *Pfeiffer*, Im Schwarzwald. — *Wild, F.*, Lieb' Lieschen.
— *Ender, G. B.*, Ein Scheiden. — *Wild-Dery*, a) Wanderers
Nachtlied — b) Märzschnee.

Ausführliche Prospekte versenden wir gratis und franko.

Const. Wild

Hof-Buch-, Kunst- und Musikalien-Handlung

Baden-Baden

Leopoldsplatz, Lichtenthalerstrasse No. 2

in der Nähe der Post.

Specialität

in

Photographien und Albums

von Baden und Umgegend.

Grosses Lager

in

Reiselitteratur
Karten und Führern.

Neue deutsche, englische und französische

Leihbibliothek

Zeitungen.

Schreib- und Zeichenmaterialien
Lederwaaren.

Filiale: Promenade Bude No. 23 u. 25.

C. Wild's Musik-Verlag Baden-Baden u. Leipzig.

— 104 —

W. AUERBACH, Nachfolger

Musikalien - Versandtgeschäft und Leih - Anstalt

LEIPZIG, Neumarkt 32.

Billigste Bezugsquelle. Schnellste Bedienung.

➤ *Ansichtssendungen bereitwilligst, Cataloge gratis und franco.* ◄

Constantin Wild's Verlag
Leipzig und Baden-Baden.

Soeben erschien:

Tagebuch.

Sammlung von Gedichten

von

Dr. G. Manz.

Preis geheftet Mk. 2.75, gebunden Mk. 3.50.

Die Literatur- und Musikzeitschrift

„Die Lyra"

geleitet von *Anton August Naaff*

echt deutsche volksthümliche Halbmonatsschrift, fachlich und allgemein verständlich — führendes Bundesamtsblatt von 8 Bundessängerverbänden mit 450 Vereinen und 12000 Sängern, mit Richtung gebender Literaturzeitung und gediegenen Musikbeilagen, kostet vierteljährlich 1 fl 50 kr., 3 Kronen 2 M. 60 Pf. Verwaltung der *Lyra* Wien XVIII/2.

Für Componisten und Literaturfreunde :

Aus dem Dornbusch.
Deutsche National- und Volkslieder,
Dichtungen. Dresden und Leipzig.
E. Pierson.

Von stiller Insel.
Gesammelte Dichtungen. Leipzig.
IV. Friedrich.

„Gartheil und Krausemluz"
Lieder im Volkston. Berlin. *E. Meidinger.* Illustrirt.

Die ?
Neue Berliner Musikzeitung

46. Jahrgang 1892

erscheint jeden Donnerstag und ist durch alle Postanstalten,
Buch- und Musikalienhandlungen des In- und Auslandes zu beziehen,
sowie auch direkt von der Expedition **Stern & Ollendorff,
Musikalien-Handlung, Berlin.**

Preis pro Quartal 2 M., bei direkter Zusendung unter Kreuz-
band für Deutschland und Oesterreich 2 M. 50 Pfg., für die Länder
des Weltpostvereins 2 M. 80 Pfg.

Die **Neue Berliner Musikzeitung**, nicht etwa ein
Specialblatt für Berlin, sondern eine Zeitung **für die
ganze musikalische Welt** bringt Biographien und
vorzüglich ausgeführte Portraits von Komponisten und
Künstlern, musik-pädagogische und litterarische Artikel,
Kritiken über Musikalisches aus aller Herren Länder,
Besprechungen von Musik-Novitäten wie endlich Novellen
und Plaudereien unserer hervorragendsten Novellisten.
Wie hieraus ersichtlich ist, wendet sich also die **Neue
Berliner Musikzeitung** nicht nur an den Musiker von
Fach; überall da, wo Musik überhaupt geliebt und
gepflegt wird, hofft die Neue Berliner Musikzeitung ein
willkommener Gast zu sein.

Probenummern unentgeltlich.

Die Wallfahrt nach Kevlaar.

Gedicht von H. Heine.

Melodram

von **Richard Pohl.**

Preis M. 2.20.